Coragem
para seguir em frente

Lama Michel Rinpoche

Coragem
para seguir em frente

© **Lama Michel Rinpoche, 2006**
1ª Edição, Editora Gaia, São Paulo 2006
2ª Reimpressão, 2019

    Jefferson L. Alves – diretor editorial
    Richard A. Alves – diretor geral
    Flávio Samuel – gerente de produção
    Ana Cristina Teixeira – assistente editorial
    Ana Cristina Teixeira e João Reynaldo de Paiva – revisão
    Márcia Costa – edição de texto
    Reverson R. Diniz – projeto gráfico e editoração eletrônica
    Eduardo Okuno – capa

Na Editora Gaia, publicamos livros que refletem nossas ideias e valores: Desenvolvimento humano / Educação e Meio Ambiente / Esporte / Aventura / Fotografia / Gastronomia / Saúde / Alimentação e Literatura infantil.

Obra atualizada conforme o
NOVO ACORDO ORTOGRÁFICO DA LÍNGUA PORTUGUESA.

**Dados Internacionais de Catalogação na Publicação (CIP)
(Câmara Brasileira do Livro, SP, Brasil)**

Rinpoche, Lama Michel
    Coragem para seguir em frente / Lama Michel Rinpoche. – São Paulo : Gaia, 2006.

    ISBN 978-85-7555-116-5

    1. Budismo 2. Budismo – Doutrinas 3. Budismo – Tibete 4. Dharma (Budismo) 5. Meditações budistas I. Título

06-7994   CDD-294.3923

            Índices para catálogo sistemático:

1. Budismo tibetano : Religião   294.3923

Direitos Reservados

editora gaia ltda.
Rua Pirapitingui, 111-A – Liberdade
CEP 01508-020 – São Paulo – SP
Tel.: (11) 3277-7999
e-mail: gaia@editoragaia.com.br
www.editoragaia.com.br

Colabore com a produção científica e cultural.
Proibida a reprodução total ou parcial desta obra sem a autorização do editor.

Nº de Catálogo: **2855**

Dedico este livro à longa vida de Lama Gangchen Rinpoche, que nos concede a liberação na palma de nossas mãos, mostrando-nos o caminho da iluminação.

Possa a linhagem NgalSo permanecer pura até o final do samsara, para o benefício de todos os seres.

Possam todos encontrar um significado profundo em suas próprias vidas, fazendo assim com que cada dia seja significativo e cada ação seja baseada no amor sincero.

Possam todos seguir o caminho que leva à grande felicidade espontânea.

Agradeço profundamente a todos que fizeram com que este livro se tornasse uma realidade.

Alessandra Fonseca, Caco de Paula, meu pai Daniel Calmanowitz, Fernanda Machado, Marcello Borges, Ricardo Baddouh, Silvia Costa, Tadeu Arantes, Tiziana Ciasullo e Vera Schmuziger.

Vera Eliane Maria, secretária do Fompec-LBV, pelo convite de participação no *Fórum Mundial Permanente Espírito e Ciência da LBV*.

Em especial, a Márcia Costa pela editoração, e à minha mãe, Bel Cesar, que idealizou e coordenou esta publicação.

Este livro foi escrito para ser lido também
de modo não linear; pois ele nos oferece uma oportunidade
vivencial: você pode usá-lo como um oráculo.
Pense em algo que gostaria de saber, e, de olhos fechados,
peça por inspiração e abra aleatoriamente
numa página para encontrar a sua resposta.

Sumário

Prefácio, *Lama Gangchen Rinpoche* 17

Prefácio, *Bel Cesar* 19

Prefácio, *Lama Michel Rinpoche* 23

Coragem para seguir em frente 25

Carta de Lama Michel Rinpoche 99

Poemas 109

Cronologia 167

Carta de Lama Gangchen Rinpoche 193

Índice de fotos/créditos 199

Biografia 205

Contatos 206

Prefácio
Lama Gangchen Rinpoche

Estou muito contente por Lama Michel Rinpoche ter escrito mais um livro. Eu o conheço desde quando ele era um menino pequeno, e fui o primeiro a reconhecer suas qualidades especiais. Durante esses anos, Lama Michel visitou o Brasil muitas vezes para proferir palestras e ensinamentos de filosofia budista, e ensinar várias práticas de meditação como a *Autocura Tântrica NgalSo*.

Seus pais, Bel Cesar e Daniel Calmanowitz, assim como vários amigos, trabalharam muito para gravar, editar e publicar seus ensinamentos. Sinto que isto é muito útil e de benefício para muitas pessoas no Brasil e também para outras pessoas que leem português, principalmente por ele entender a mentalidade da nossa sociedade ocidental.

Os ensinamentos do Dharma têm muitos níveis de significados, que devemos estudar e integrar em nossas vidas. Por isso, cada vez que vocês lerem este livro, terão uma compreensão mais aprofundada das palavras de Lama Michel.

Com os melhores votos,

T.Y.S. Lama Gangchen Rinpoche
AHMC, 20 de julho de 2006.

Prefácio
Bel Cesar

Estava presente no *gompa* do Centro de Dharma em Milão, durante o Natal de 1994, quando nosso mestre Lama Gangchen Rinpoche pediu ao Lama Michel Rinpoche com, então, 13 anos, que desse o seu primeiro ensinamento público. Ele se tornara monge havia um ano e estava vivendo no Monastério de Sera Me, no sul da Índia. Ao final, ele nos disse: "Agradeço as rezas de hoje e espero que todos nós possamos, depois destas práticas, atingir a iluminação. Eu penso que com esta prática poderemos nos libertar não apenas dos pequenos problemas, mas dos problemas mais profundos também. Às vezes temos práticas para problemas específicos, mas a Autocura Tântrica envolve todos os sofrimentos. Espero que pratiquem e agradeço a todos". Em seguida, Lama Gangchen Rinpoche falou: "Estas são palavras da verdade de um menino puro. Sem preparação prévia, por isso são puras. É uma mensagem especial que devemos guardar em nossa mente".

Passaram-se 12 anos. Lama Michel viveu por 11 anos na Índia e agora vive na Itália. Sem dúvida, seu conhecimento sobre o Budismo é crescente, mas seus ensinamentos são igualmente puros. Até hoje, ele não costuma preparar suas palestras. Sua fala é sempre espontânea.

É fato: quando Lama Michel começa a falar, todos escutam. Suas palavras são vivas: elas vêm diretamente de sua mente--coração, pois são claras e amorosas. Talvez muito do que ele nos diga já saibamos intelectualmente, mas no momento em que o ouvimos falar, este conhecimento é, então, finalmente assimilado em nosso interior.

Os desafios que temos enfrentado neste mundo, cada vez mais conturbado e violento, são constantes. Em certos momentos, nos sentimos paralisados, tomados pela dor da impotência. Questionamos, então, honestamente, nossa capacidade de seguir em frente. Por esta razão, escolhemos este tema para Lama Michel realizar uma palestra no *gompa* da Sede Vida de Clara Luz, em São Paulo.

Este *gompa* foi, durante 15 anos, a sala de meditação do Centro de Dharma da Paz Shi De Choe Tsog. Em junho de 2004, para dar continuidade às suas atividades e atender ao número crescente de praticantes, o Centro de Dharma da Paz mudou-se para um espaço bem maior. Nesta mesma época, eu concluía minhas funções na presidência no Centro de Dharma da Paz, e iniciavam-se as atividades do Vida de Clara Luz: um local que visa atender àqueles que buscam o autoconhecimento com a intenção de cultivar o desenvolvimento interior e dar significado aos quatro sofrimentos humanos: o nascimento, o envelhecimento, a doença e a morte.

Quando esta palestra terminou, havia um silêncio contagiante: todos fizeram uma fila para cumprimentar Lama Michel e, depois, sem alterar este ambiente tão calmo, se foram. No dia seguinte, muitos comentaram que haviam levado consigo a paz transmitida durante os ensinamentos.

Esta palestra não foi uma exceção! Todos que estiverem presentes nos seus ensinamentos poderão desfrutar desta mesma experiência pacífica. Com a intenção de compartilhar sua mensagem com aqueles que não puderam participar deste dia, resolvemos criar este livro. Desta forma, esperamos dar continuidade à preciosa e espontânea energia de Lama Michel. Assim como Lama Gangchen nos explicou o significado de seu nome em tibetano: *Mi* quer dizer "homem" e *chel*, "cristal", de modo que o seu nome significa "O Precioso (*Rinpoche*) Homem de Cristal (*Michel*), Aquele que Ilumina o Caminho para os Outros (*Lama*)".

Com muito amor, desejo longa vida ao seu corpo, palavra e mente,

Sua mãe,
Bel Cesar
São Paulo, 28 de setembro de 2006.

Prefácio do autor
Lama Michel Rinpoche

Aos 12 anos, aprendi uma grande lição: ao chegar no Monastério de Sera Me, Gueshe Thubten Rinchen, meu futuro mestre, disse-me que ficar lá apenas para passar 2 ou 3 anos seria uma grande perda de tempo. De nada serviria estar no monastério se não fosse de uma forma verdadeiramente séria. Os estudos e a vida ali eram muito duros.

Minha determinação era forte, mais pelo coração do que pela razão. Ficou claro: a prática do Dharma não é uma brincadeira, mas uma dedicação de vida. Algum tempo depois, essa lição foi completada. Guen Lhakpa-la, mestre e pai para mim na Índia, disse-me: "Os estudos do Dharma não servem para nada se não forem usados para modelar a mente. Conhecimento por conhecimento, se não for usado, são todos iguais".

Nunca me esqueci dessas duas lições: deve-se ter seriedade, continuidade e esforço no Dharma, e, a cada dia, deve-se ir além do simples conhecimento.

Neste livro, compartilho um pouco da minha experiência em *modelar* minha mente por meio dessa preciosa filosofia de vida que Buddha Shakyamuni nos ensinou há 2.549 anos e que vem sendo transmitida de mestre a discípulo até chegar a mim por Lama Gangchen Rinpoche.

Coragem para seguir em frente

Boa noite!

Como sempre – não é preciso dizer, mas gosto de repetir – fico muito feliz por estar aqui. Isto é a real verdade, por várias razões, mas não é preciso relembrar cada uma delas agora.

Durante 15 anos, esta sala de meditação foi o *gompa* do Centro de Dharma da Paz Shi De Choe Tsog, e, há 2 anos, é o *gompa* da Sede Vida de Clara Luz. Muitos mestres e monges do Budismo Tibetano já estiveram aqui realizando cerimônias e transmitindo ensinamentos. Sem contar que, durante todos esses anos, diariamente, várias pessoas vieram até aqui para meditar. Por isso, este é um local abençoado.

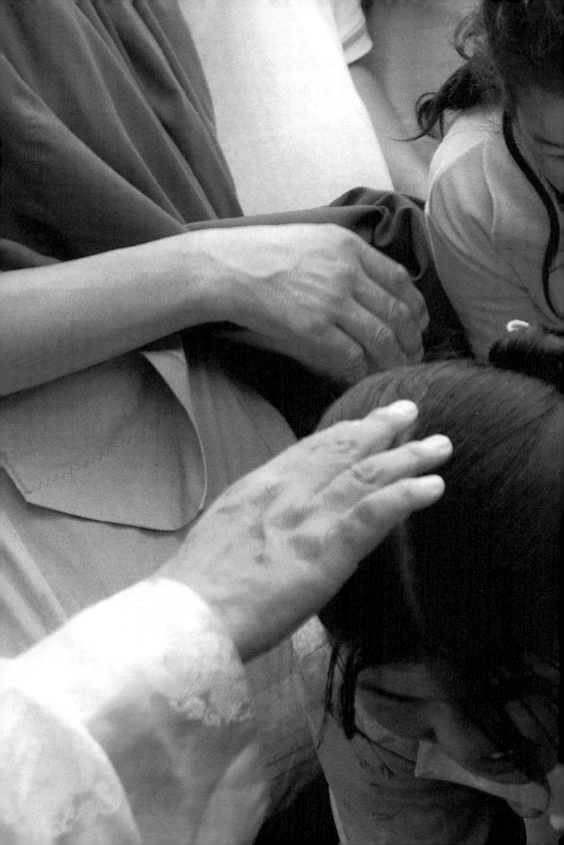

Existem três formas de abençoar

Um ser pode abençoar o outro ser ou abençoar um local, assim como um local pode abençoar um ser.

Talvez a maioria de vocês conheça o trabalho do cientista japonês Masaru Emoto.[1] Ele ilustrou de uma forma moderna o que é uma bênção em sua experiência com cristais de água congelada. Ao fotografar os cristais antes e depois da água ter sido exposta às vibrações de pensamentos, sentimentos, palavras e músicas, ele registrou em imagens a reação da água a esses estímulos. O resultado foi incrível! As amostras, que inicialmente eram amorfas e acinzentadas, ao receberem a vibração de palavras como "amor", "gratidão" e "obrigado" se transformaram em estruturas hexagonais brilhantes, semelhantes aos diamantes. No entanto, as que foram expostas a pensamentos negativos, como "te odeio", formaram padrões assimétricos e disformes, de cores sem vida.

Na realidade, o que essa experiência mostra? Que a matéria recebe as intenções de uma pessoa. Se a pessoa tem amor, a matéria reage ao amor. Se a pessoa está com raiva, a matéria reage à raiva; ou seja, nos mostra como os pensamentos e sentimentos afetam a realidade física.

As bênçãos ocorrem de modo semelhante. Por meio da energia sutil presente nos pensamentos, palavras e locais, é possível um ser abençoar outro ser, um ser abençoar um local, assim como um local abençoar um ser.

Em geral, todo lugar fica impregnado pela energia daqueles que o frequentam. Normalmente, podemos constatar isso quando vamos à casa de uma pessoa e percebemos o quanto ela reflete o jeito de quem mora ali. Na verdade, podemos sentir isso até mesmo em alguns objetos pessoais.

---

1 Para saber mais, leia: *As margens da água*, Masaru Emoto, Ed. Isis.

Quando um ser mais evoluído espiritualmente permanece, ou, até mesmo apenas visita um local, ele pode abençoá-lo com sua energia, porque imanta o ambiente com os seus estados puros de consciência, amor, compaixão, generosidade e sabedoria. Se esta energia positiva for cultivada pelas outras pessoas que frequentarem esse local, ela irá permanecer e todas as pessoas que entrarem ali poderão se beneficiar dela.

A cripta de São Francisco de Assis é um desses lugares. Alguém já esteve lá? Assim que você entra, pode sentir a diferença dessa energia pura e positiva. É um dos lugares mais especiais que já visitei.

Quando as relíquias de Buddha estiveram em São Paulo, no Sesc Pompeia, muitas pessoas sentiram isso também. Lembro-me de que havia uma fila enorme na porta, e algumas pessoas diziam: "Eu estou aqui só por curiosidade. Não sou budista. Só vim dar uma olhada". No entanto, quando chegavam diante das relíquias, sentiam uma forte emoção e começavam a chorar. Era evidente como ficavam tocadas *apenas* de olhar para elas.[2]

---

[2] As relíquias são 12 fragmentos dos ossos calcinados do próprio Buddha. Os governos da Tailândia, Sri Lanka e Burma ofereceram às Nações Unidas uma stupa contendo estas relíquias como reconhecimento da celebração do Dia Internacional de Vesak. Elas foram primeiramente exibidas na sede da ONU, em Nova York, e em seguida em várias cidades dos cinco continentes como parte de uma mostra ao redor do mundo, antes de retornarem definitivamente à sede da ONU. Em São Paulo, foram expostas no período de 19 a 24 de junho de 2003, no Sesc Pompeia, sob a organização da Lama Gangchen World Peace Foundation.

É importante cuidar de um local abençoado para manter sua energia

É importante lembrar que é necessário cuidar bem de um local abençoado para manter sua energia. Neste *gompa*, da Sede Vida de Clara Luz, estiveram grandes mestres realizando cerimônias sagradas. Isso sempre ocorreu sem interrupções. Desta forma, este local tornou-se sagrado, pois nele são feitas apenas coisas positivas relacionadas com o desenvolvimento espiritual. Porém, se um grande mestre tivesse vindo aqui, e depois este espaço fosse usado para outras coisas, a energia das suas bênçãos poderiam perder sua força completamente. Mas, desde 1988, a energia deste local vem sendo cuidada. É claro que devem ter ocorridos problemas, uma vez ou outra alguém deve ter tido um "chilique"... isso é normal, até no monastério eu já vi "chiliques" dentro do *gompa*! Mas, nunca ninguém veio aqui para brigar. Nunca se entrou aqui para fazer coisas fúteis ou que tenham relação com emoções negativas. As pessoas que vêm até aqui, de alguma forma, têm a intenção de sentir mais amor e compaixão e trazem esta motivação positiva para cá, mantendo, assim, a energia do local. Por isso, até agora, podemos considerá-lo sagrado.

Coragem para fazer coisas que são necessárias

Hoje vamos falar sobre a coragem para seguir em frente, não é isso? Então, precisamos, antes de tudo, entender o que é coragem. Afinal, o que significa ser ou não corajoso?

Quando falo em ter coragem para fazer algo, claro que não me refiro a ir a um bom restaurante. Eu nunca vou precisar de coragem para estar junto de um bom amigo. Nem vou precisar de coragem para estar aqui neste *gompa*, porque isso é algo de que eu gosto e que me faz muito bem.

Isso é importante compreender! Só podemos descobrir nosso potencial de coragem quando estamos diante de situações difíceis.

Ter coragem é estar diante de uma situação realmente difícil e acreditar em nosso potencial de superá-la, mesmo sabendo que vamos ter impedimentos, problemas e até mesmo muito sofrimento. A coragem surge quando podemos pensar: "Eu acredito que meu potencial para realizar esta meta é maior do que todos os desafios que terei que enfrentar".

Neste sentido, o fato de estarmos diante de uma dificuldade pode ser uma oportunidade maravilhosa para descobrirmos nosso potencial. Porém, se não pudermos acreditar nisso, nada poderemos fazer para solucionar verdadeiramente um problema.

Querer ter coragem para fazer algo impossível é loucura

Acreditar em nosso potencial de coragem não significa que podemos enfrentar *todos* os desafios que surgem. Querer ter coragem para fazer algo impossível é loucura! Por exemplo, imaginem quando o exército do Talebã estava indo destruir a estátua de Buddha em Bamiyan.[3] Se estivesse lá naquele momento, não teria coragem de tentar detê-lo, simplesmente porque era impossível! Eu nunca teria essa possibilidade, porque os obstáculos seriam muito maiores do que o meu potencial.

Uma vez que estamos diante de um grande problema, é claro que devemos tentar considerar todas as formas para, *pelo menos*, melhorar a situação e, nesse caso, talvez seria possível fazer algo. Mas é importante reconhecer que a coragem deve ser sempre coerente com o nosso potencial.

Nunca teremos coragem para fazer algo se não tivermos clareza quanto à meta que queremos atingir. Quando não temos essa clareza, ou quando nos propomos a atingir uma meta grande demais para nossas possibilidades, dificilmente realizaremos a nossa meta.

O pior é que passamos a pensar que não poderemos nunca mais fazer algo. E, assim, acabamos ficando sem coragem na vida, sem forças para seguir adiante.

No Monastério de Sera Me havia um monge cujo apelido era "rouco", porque tinha uma voz rouca quando recitava os textos em alta voz para memorizá-los. Diariamente, íamos às cinco e meia da

---

[3] Em 2001, o líder do Talebã, o movimento que controla a maior parte do Afeganistão, Mohammed Omar, ordenou a destruição de todas as estátuas do país, inclusive a de um Buddha de 53 metros de altura, esculpida em uma escarpa na cidade de Bamiyan. Para a ideologia ultraconservadora do Talebã, as esculturas com a figura humana são uma blasfêmia.

manhã para a primeira cerimônia. Mas, ele já estava acordado desde às três horas, memorizando os ensinamentos. Depois, à noite, quando todos já tinham ido dormir, continuava estudando.

Ele fazia esse esforço absurdo durante um mês, mas como não conseguia alcançar o resultado que esperava, concluía que não era capaz. Então, largava tudo e passava uns três meses sem estudar. Não abria um livro, só dormia, comia e escutava música. Depois, quando era tomado novamente pela vontade de se dedicar aos estudos, voltava a se esforçar mais do que todos. E nós já sabíamos que iríamos voltar a ouvir sua voz rouca durante a madrugada...

Ele fez isso pelo menos durante uns 5 anos, e depois acabou deixando o monastério. Eu me lembro dele repetindo diversas vezes: "Eu não posso, eu não consigo". E o que aconteceu?... Ele foi para Nova York vender cachorro-quente... (*risos da plateia*).

É a realidade.

Esse monge é o exemplo do que acontece quando alguém se propõe uma meta maior do que é capaz de realizar: acaba se desviando totalmente dela. Se, em vez de querer memorizar 500 páginas em um mês, ele ficasse satisfeito com um número menor, teria conseguido alcançar sua meta de completar os seus estudos. Mas, como a cada vez que fracassava, continuava a se propor algo impossível, terminou achando que não era capaz de realizar mais nada.

Isso é uma das coisas que precisamos observar: é importante ter uma meta, mas ela deve ser sempre coerente tanto com os nossos limites quanto com o nosso real potencial. Não podemos inflar as nossas metas com expectativas exageradas. Senão, nunca conseguiremos atingi-las.

Não há nada pior do que criar expectativas; pois, por exemplo, quando almejamos atingir 20 pontos, e conseguimos 10, automaticamente desvalorizamos o que obtivemos. O problema é justamente este: o simples fato de termos expectativas pode nos distanciar de nossas conquistas.

A coragem começa a surgir no momento em que nos esforçamos para realizar algo que desejamos muito. Sinto-me corajoso quando reconheço o quanto algo é importante para mim e confio que o meu potencial de realizá-lo é maior do que as interferências que estão à minha frente. Isso é muito importante.

A vida nunca é a mesma
depois de cada dia que a gente vive

Muitas vezes passamos por situações realmente difíceis. Acredito que a grande maioria das pessoas que estão aqui já passou por momentos que nunca imaginou que iria passar na vida; sofrimentos e problemas que nos pegam de surpresa.

Pessoalmente, já passei por várias situações desse tipo. De início, parece que a vida nunca mais vai ser a mesma depois daquilo. Mas, se pararmos para pensar, na realidade a vida nunca é a mesma depois de cada dia que a gente vive!

Quando acontece algo muito pesado, podemos ter uma grande dificuldade de viver aquele momento. Às vezes, achamos que nem vamos sobreviver, pois não encontramos força para seguir adiante. Cada dia que passa é um grande peso. Nessas horas, passamos a acreditar que o resto de nossa vida continuará assim. Se chegarmos a nos sentir bloqueados, impedidos de seguir a nossa meta, podemos perder até mesmo a vontade de continuar vivendo.

Alguns anos atrás, eu tinha um projeto claro, perfeito, aparentemente não havia nada que pudesse impedir que ele fosse realizado. Do meu lado, e de todos os que estavam envolvidos no projeto, estava tudo certo. Tínhamos feito tudo o que era necessário. Mas, inesperadamente, um dia tivemos que enfrentar uma grande interferência: uma situação externa ao projeto fez com que ele fosse totalmente interrompido. Não havia nada que podíamos fazer. Estava tudo perdido. Então, como lidar com esse tipo de situação?

Só nos resta aceitar o ocorrido, e partir para um novo projeto. Afinal, quando algo muito contundente ocorre, nos impedindo de seguir adiante, temos que saber mudar de estrada.

A vida é muito preciosa para simplesmente ficarmos parados, esperando por novas chances.

Vocês já pensaram o quanto a vida é preciosa?

Não há nada mais precioso que a própria vida, se soubermos usá-la como uma oportunidade de fazer algo realmente bom. Se levarmos a vida fazendo coisas ruins, é melhor morrermos cedo! Afinal, se o fato de estarmos vivos servir apenas para gerar mais sofrimento, seja para nós mesmos ou para os outros, iremos criar cada vez mais karma negativo. Depois, teremos que nos submeter aos seus efeitos...

Muitas vezes desvalorizamos algo, apenas porque nos parece óbvio

Por parecer tão óbvio o fato de estarmos vivos não valorizamos a própria vida! Apenas quando levamos um grande susto, no qual corremos o risco real de morrer, é que percebemos que não é nada óbvio estarmos vivos!

Não é preciso ir longe. O mesmo acontece com as nossas condições materiais: parece tão óbvio ter água encanada, luz elétrica, internet, que nem nos damos conta de quantas condições são necessárias para que tudo isso esteja funcionando bem.

Na cidade de São Paulo, quantas pessoas possuem os recursos de que a maioria aqui presente dispõe? Se levarmos em conta todos os que vivem nesta cidade, existem muitas pessoas que têm problemas econômicos, mas nós temos tudo que necessitamos para viver. Quer dizer, temos um lugar para dormir, uma casa e boa nutrição. Podemos ter problemas econômicos, mas o mínimo, o básico necessário, não é a nossa grande preocupação. Será que damos o devido valor para isso?

Por exemplo, quantas pessoas se encontram na verdade numa situação em que gostariam de poder fazer algo a mais para desenvolver o seu caminho espiritual, como meditar, fazer um retiro ou uma viagem de peregrinação, e simplesmente não podem?

Elas trabalham mais de 14 horas por dia! Passam todo tempo, literalmente, em função de seu sustento.

Quantas pessoas, apesar de sentirem necessidade de fazer algo por seu desenvolvimento interior, não encontram espaço no modo como levam suas vidas para incluir essa possibilidade? Aliás, o mesmo ocorre com aqueles que não têm trabalho ou que não sabem o que fazer durante o dia...

Como falar de espiritualidade, de desenvolver a própria compaixão, de sabedoria, com uma pessoa que está com fome? Primeiro ela precisa comer.

Podemos também pensar naqueles que sequer consideram o desenvolvimento espiritual importante. Assim como os que só ambicionam acumular bens materiais. Infelizmente, eles não se dão conta do quanto se tornaram escravos do próprio dinheiro! Sem deixar de mencionar os que são escravos dos próprios prazeres sensoriais...

E o que é ser escravo? É viver a vida em função de algo ou alguém.

Há ainda aqueles que, por exemplo, gostariam de fazer muito, mas não sabem por onde começar. Não sabem como, nem o que fazer. Eles gostariam de seguir um caminho espiritual, mas nunca encontraram alguém que lhes mostrasse por onde começar; ao contrário daqueles que, apesar de terem conhecido grandes mestres, não reconheceram nestes encontros uma oportunidade de crescimento interior, porque, na realidade, nunca desejaram seguir um caminho espiritual.

Sem falar das pessoas que, por estarem sofrendo de doenças graves ou até mesmo terminais, não conseguem se dedicar ao caminho espiritual, pois a dor física as impede de se concentrarem no seu desenvolvimento interior. Existem exceções, mas, infelizmente, quando estamos tomados por uma grande preocupação, só temos espaço para ela.

Já viajei muito, e parece ser assim em todos os lugares: aqueles que podem fazer algo a mais pelo seu mundo interior gastam seu tempo com distrações e prazeres mundanos, enquanto aqueles que só trabalham nem veem a vida passar.

Portanto, se pararmos para analisar a nossa condição atual, não será difícil reconhecer que temos uma vida muito preciosa porque somos conscientes de que podemos nos tornar pessoas melhores. Mas, o que será que nos impede de fazer verdadeiramente algo por nós e pelos outros?

Sofremos mais pelo hábito de sofrer do que pela causa do sofrimento

Quando temos à nossa frente um problema que é realmente impossível de resolver, o melhor é não fazer nada! Caso contrário, iremos apenas continuar insistindo em um esforço fadado ao fracasso. Portanto, é a nossa postura diante do problema que nos deixa preso a ele. Quando temos problemas, normalmente acabamos sofrendo mais pelo hábito de sofrer do que pela causa do sofrimento em si mesmo.

Em geral, sofremos diante de uma dificuldade, mas, como se isso não bastasse, *pós-sofremos*. Isto é, sofremos por aquilo que já passou. De modo semelhante *pré-sofremos*, quando sofremos por algo que ainda não aconteceu e que talvez nem aconteça.

Agindo assim, acabamos não abrindo espaço necessário para encontrar algo que solucione efetivamente o problema que estamos enfrentando. Pois, uma vez que nos deixamos ficar inteiramente ocupados pela dificuldade em questão, deixamos tanto de usar os recursos já adquiridos com as experiências passadas como não conseguimos olhar de modo produtivo para as outras possibilidades à nossa volta.

Se, por acaso, o futuro for realmente ruim como imaginamos, teremos sofrido duas vezes. Mas, se não for, teremos sofrido desnecessariamente. O fato que precisamos compreender é que quando estamos diante de uma dificuldade, precisamos vê-la exatamente como ela é: nem para mais, nem para menos; isto é, sem acrescentar mais sofrimento ao sofrimento já existente!

Problemas existem e vão sempre existir

Antes eu tentava solucionar os problemas pensando que seriam os últimos. Não era uma ideia intelectual; era algo bem sutil. Quando tinha um problema pela frente, pensava: "Vamos lá resolver isso". Era como se, quando *aquele* problema tivesse acabado, estivesse resolvido, *tudo* estaria, automaticamente, no seu devido lugar. Porém, na verdade, quando solucionamos um problema, logo surge outro! Então, cheguei a uma conclusão, que talvez seja óbvia racionalmente: *problemas existem e vão sempre existir*.

Sempre tive uma vida ótima. Nunca me faltou nada, nunca tive grandes dificuldades. Mas, mesmo assim, não posso dizer que ela seja perfeita. Nem acredito que um dia vá ser. Não digo isso porque seja pessimista. Mas, sim, porque sou realista. É diferente.

Por exemplo, neste instante, se você se perguntar se está satisfeito com esse exato momento, talvez responda que sim. Mas, se eu lhe perguntar novamente: "Você gostaria que algo fosse diferente?", provavelmente, pararia para pensar um pouco mais, e diria que sim; ou seja, nunca estamos satisfeitos. Alguém, por acaso, já viveu um dia inteiro no qual não desejasse que algo fosse diferente? Eu não. Mas, mesmo aquele que já viveu e teve essa experiência, sabe que é uma raridade. Problemas existem e vão sempre existir.

O que acontece quando estamos diante de um problema que pode estar mudando radicalmente o rumo de nossa vida?

O fato é que sempre que algo muito intenso ocorre, precisamos aceitar. Não que isso seja fácil, mas teremos que fazê-lo de qualquer modo.

Aceitar uma situação não significa submeter-se a ela, deixando que passe por cima de nós como um rolo compressor, enquanto dizemos: "OK, eu me entrego". Aceitar não quer dizer *abrir mão* ou desistir de algo. Não é a essa ideia que estou me referindo.

Quando digo que precisamos aceitar o que ocorre, quero dizer que não adianta ficarmos "esperneando", como crianças, diante da situação. Agir desse modo só nos faz perder a energia que devíamos estar usando para resolvê-la. Vocês nunca tiveram a sensação de que ficar reclamando e se lamentando de uma situação só faz as coisas piorarem?

Quando estamos presos no trânsito, por exemplo, estamos parados, sem saída. O que fazer? Não é possível largar o carro e sair andando... Se bem que eu já vi pessoas fazerem isso! Mas acho que também não funciona, não é? Eu já ouvi falar de um lugar – não lembro agora onde era –, em que o trânsito é tão grande e complicado que as pessoas desligam o carro, vão tomar alguma coisa no bar, e só depois voltam para o volante. Mas não é o nosso caso.

O problema é que, dia após dia, esse pequeno acúmulo de tensão vai crescendo. O fato sobre o qual temos de refletir é que quando essa pequena tensão se acumula, ela se transforma em doenças para o corpo e para a mente.

A principal razão para a maioria das pessoas ficarem nervosas no trânsito é a dificuldade de aceitar o inevitável. Se pensarmos bem, podemos encontrar muitas razões para justificar nosso nervosismo, como de que iremos chegar atrasados ou de que estamos perdendo tempo ficando ali parados. Mas, na realidade, essas justificativas em nada podem nos ajudar, porque a causa principal de estarmos nervosos é termos perdido o controle da situação.

Quer dizer: diante do trânsito ou de um grande problema temos que cultivar a mesma atitude: criar espaço para a solução!

Quando estamos diante de uma situação na qual não podemos fazer nada, temos primeiro que aceitá-la.

O que quer dizer aceitar? É criar espaço para ela, porque só assim será possível surgir uma nova solução.

Esse exemplo do trânsito pode parecer simples demais, mas o mesmo acontece em situações mais sérias.

Quando estamos diante de um fato contra o qual não podemos fazer nada, precisamos nos distanciar dele até conseguir vê-lo sob um outro ponto de vista. Desta forma, ao nos distanciarmos, criamos espaço para uma nova solução.

É preciso tornar a vida mais significativa

Encontrar uma solução, muitas vezes, não significa solucionar diretamente o problema em questão, mas saber o que fazer da vida diante dessa situação.

Por exemplo, quando vi que não poderia dar continuidade àquele meu projeto, não adiantava continuar buscando uma solução para ele... A primeira coisa que tive de fazer foi compreender que aquele problema "já era". Pronto. Acabou. Só assim pude criar espaço para me concentrar em algo novo, que me fizesse seguir em frente.

Assim, se estou construindo algo e, de repente, não tenho nenhuma possibilidade de continuar o que estava fazendo..., muito bem, então vou ter que construir alguma coisa diferente!

Não posso ficar para sempre parado, me lamentando, esperando que algo mude.

Talvez um dia eu possa voltar e reconstruir a partir do ponto em que tive que largar. Mas, por enquanto, tenho que saber colocar a minha energia em algo diferente, algo real e possível.

De qualquer forma, o mais importante é lembrar que para ter coragem para seguir em frente é necessário reconhecer também nosso potencial de tornar a vida mais significativa. Isto é, independentemente do que quer aconteça, dos problemas que tenhamos, do que os outros façam ou deixem de fazer, temos que dar um significado maior para nossa vida.

Temos que aprender a contar conosco mesmos

Na vida estamos sós, disso tenho certeza.

É verdade que existem pessoas que nos ajudam, que estão ao nosso lado, nos dando muito suporte. Mas o que estou querendo dizer é que temos que aprender a contar conosco mesmos.

Não podemos nos apoiar nos outros. Pois, no final das contas, quem tem que assumir as decisões que são tomadas? Quem vai sofrer as suas consequências? Somos nós mesmos.

Muitas vezes, criamos uma ilusão de que *alguém* vai nos ajudar, fazendo *isso* ou *aquilo*... não, não tem muito disso não... Por que quando chega "a hora do vamos ver", temos que contar com a nossa própria energia. Nascemos sós e vamos morrer sós também.

Principalmente no momento da morte. Até pode ter alguém ao nosso lado – nos ajudando, mas, dependerá apenas de nós mesmos, isto é, de nossa atitude interior, como vamos viver esse momento. Por isso, nessa hora, é extremamente importante ter um caminho espiritual. Aliás, a única coisa que vamos levar desta vida é o que acumulamos em nosso interior.

Interiormente, o que eu quero da minha vida?

Se ter coragem quer dizer *acreditar numa meta* e saber que podemos realizá-la independentemente de qualquer obstáculo, é importante que esta meta seja bem clara.

As únicas metas que podemos realizar com segurança nesta vida, independentemente do que aconteça à nossa volta, são as metas interiores. Por isso, temos que nos perguntar: "Interiormente, o que eu quero da minha vida?"

Afinal, porque no momento em que desejo fazer algo no mundo exterior, automaticamente dependo de todas as pessoas que estão ao meu redor, seja para fazer negócios seja para cuidar da própria casa. Todo tempo dependemos dos outros: do contador, da secretária, do marceneiro, e assim vai...

Isso não quer dizer que não podemos fazer coisas externas. É claro que podemos e devemos fazê-las. Não é isso. Mas a única coisa que verdadeiramente podemos fazer, a qualquer momento, é seguir nossas metas internas.

Se estivermos fortes interiormente, estaremos também preparados para lidar com as dificuldades externas no momento em que elas surgirem. O nosso mundo interior é a única base que temos para seguir adiante.

Guen Lagpa-la, um dos meus professores no Monastério, é um bom exemplo do que estou falando. Assim como o próprio Lama Gangchen Rinpoche. Porque são pessoas que perderam literalmente tudo aquilo que tinham: seu país, sua família, tudo. Perderam até o respeito que eles desfrutavam na sociedade em que viviam, no Tibete. E ainda assim tiveram força interior para manterem suas metas e seguirem adiante.

Uma vez, Lama Gangchen me contou o que passou quando esteve no campo de trabalhos forçados, antes de escapar do Tibete.[4] Ele me disse que era obrigado a fazer inúmeras tarefas dadas apenas aos Lamas para diminuir o respeito que os outros tinham por eles. No Tibete, os Lamas são muito respeitados, e esta era uma forma de igualá-los aos demais. Isso sem falar de todas as outras dificuldades que Lama Gangchen já passou...

Como alguém pode conseguir superar grandes traumas? Tendo uma meta maior na vida. Para Lama Gangchen Rinpoche tudo que passou é pequeno, comparado com a verdadeira meta que ele tem na vida.

O meu professor Guen Lagpa-la também é uma pessoa incrível! Como Lama Gangchen, ele perdeu tudo, mas soube continuar sua vida sem problema algum. Ele é um bom exemplo de uma pessoa que sabe viver de forma simples, sem nada, só com a felicidade de seguir a sua meta interior.

Ele agora está com setenta e poucos anos. Chegou do Tibete em 1960. Então, já se passaram 40 anos, desde que ele fugiu. Próximo do ano 2000, um dia eu estava conversando com ele e perguntei: "Guen-la,

---

4 Em 10 de março de 1959 o Tibete foi ocupado pelos chineses. Em 1960, Lama Gangchen foi obrigado a estudar agricultura em uma escola chinesa e, seis meses depois, foi enviado para sua cidade natal para trabalhar em uma fazenda como agricultor. Contudo, continuou a curar as pessoas, o que resultou em sua prisão. Foi preso e confinado a trabalhos forçados por 2 anos. Uma vez libertado, voltou à sua cidade e recomeçou seu trabalho. Sua reputação se espalhou e os chineses renovaram suas ameaças. Ficou seriamente doente e foi aconselhado a deixar o Tibete. Em 1963, com alguns membros de sua família, conseguiu escapar e entrar na Índia pelo Sikkim, onde superou muitas dificuldades. Foi admitido na Escola Superior de Estudos Tibetanos, em Varanasi, onde viveu durante 7 anos. Nesse período, visitou muitos lugares sagrados budistas de peregrinação, no Nepal e na Índia. Morou com S. S. Kyabje Zong Rinpoche, com quem continuou seus estudos nos Tantras e métodos secretos de cura. Ao mesmo tempo, deu apoio pessoal à sua comunidade, ajudando-a a resolver problemas de agricultura e muitos outros problemas advindos do fato de viverem no exílio. Em 1970, após ter terminado seus estudos na Universidade de Sera Me, no sul da Índia, Lama Gangchen recebeu o diploma de Gueshe Rigram, o mais alto título concedido.

durante estes últimos 40 anos, qual foi o período mais feliz que você teve?". Pensei que era aquele momento, porque agora é o momento de maior prosperidade econômica dentro da comunidade tibetana, desde de quando estão no exílio. Mas, ele respondeu que haviam sido os primeiros 10 dez anos, depois que fugiram do Tibete.

Durante estes 10 dez anos eles passaram fome, comeram pão velho e duro, com cheiro de mofo. Para beber, tinham de colocar na água quente um pouquinho de leite. E era só. Oitenta por cento das pessoas tinha tuberculose. Ele foi um dos poucos que não teve. Dormiam todos juntos em um quarto com mais de trinta pessoas... Dormir queria dizer *deitar e soltar o cinto*, pois não tinham colchão nem cobertor.

Mas, como ele disse, foi o seu período mais feliz nesses 40 anos. Sabem por quê? Porque durante esses anos a única coisa que ele fez foi praticar o Dharma, o caminho espiritual. Não havia problemas pessoais, pois todos estavam unidos pela mesma motivação. Depois, ele disse: "Quando a gente começou a ter mais dinheiro, aí começou o... *porque você, porque eu, porque é meu, porque é seu*".

O que isso mostra? Que a meta dele não era simplesmente poder comer uma boa comida. Ele adora comer bem; aliás, cozinha muito bem, mas a meta dele vai além disso.

Sua meta é ter uma vida baseada na paz interior, seguir de modo sincero o seu caminho espiritual. E foi justamente porque, nos momentos mais difíceis, soube manter a sua meta que o resto tornou-se secundário.

O que eu quero dizer com isso é que, quando temos uma meta interior em nossa vida, aconteça o que acontecer, a nossa vida vai sempre ter significado. E, então, eu acredito que isso é muito importante. Desse jeito, vamos sempre ter coragem para seguir em frente.

Impermanência quer dizer contínua transformação

Todos nós sabemos que nada permanece sempre igual: as pessoas queridas um dia morrem, assim como nossos bens materiais são impermanentes. Mas, ainda assim, baseamos nossa vida naquilo que temos, em nosso *status* social ou mesmo na posição que assumimos em nossa família...

Estar com pessoas é ótimo... ter boas pessoas à nossa volta é maravilhoso. Mas temos que reconhecer que elas não são permanentes. Um dia também irão embora... Acontecem coisas que nunca esperávamos viver.

Eu mesmo vivi uma perda inesperada aos 14 anos, quando Ken Rinpoche, meu primeiro mestre de Filosofia, morreu. Foi uma das pessoas mais incríveis que já conheci na vida. Ele era o abade do Monastério de Tashi Lumpo. Foi um dos mais renomados mestres do Tantra e do Sutra no Budismo Tibetano.

Ele morreu de repente, quando estava indo viajar para encontrar Sua Santidade o Dalai Lama, em Dharamsala. Nunca souberam exatamente do que ele morreu. Durante a viagem de trem, teve uma febre muito alta. Foi levado para o hospital, mas já era tarde demais; não puderam fazer nada.

Ninguém jamais esperava que isso fosse ocorrer.

A nossa vida não pode estar baseada nas condições externas. É ótimo ter um mestre, uma boa família, amigos, assim como ter um bom trabalho, casa e dinheiro. Mas, a nossa vida, ou melhor, nossa identidade, não pode ser baseada nisso!

Trabalho, família, amigos, casa, carro devem ser os meios que nos ajudam a realizar a nossa meta interior. Mas, eles em si, não devem ser a nossa meta.

Se estou junto de uma pessoa, por mais maravilhosa que ela seja, a minha meta não deve ser *estar junto dela*. Mas, sim, vê-la como alguém para me ajudar a realizar algo que eu quero interiormente. Porque, se basearmos a nossa identidade a partir de nossos relacionamentos, certamente teremos dificuldades, porque tudo é impermanente... Se estes relacionamentos acabarem, aí corremos o risco de não saber mais "quem somos".

Em geral, achamos que tudo vai durar. Ninguém fala da impermanência. Vivemos como se tudo fosse permanente. Este é o nosso problema: acreditamos na permanência.

Quer dizer, mais do que acreditar, que parece uma coisa intelectual, nós *vivemos* como se fôssemos imortais. É verdade que *sabemos* que somos mortais, ninguém se diz imortal. Mas, quando uma pessoa morre, achamos um absurdo... Estranho, não é?

Em geral, o mesmo acontece quando pensamos na nossa própria morte. Sabemos que um dia iremos morrer, mas, enquanto esse dia não chega, levamos a vida como se fôssemos imortais... apesar da mortalidade estar presente em cada momento de nossa vida. Na realidade, não há sequer um momento em que *eu não seja mortal*. Mas, mesmo sabendo que podemos morrer a qualquer momento, não acreditamos na impermanência; ou seja, acreditamos na permanência dentro da impermanência.

Se não vivêssemos como se tudo fosse permanente, não sofreríamos tanto quando as mudanças ocorrem em nossa vida. Por que sofremos quando as coisas se mostram diferentes do que imaginávamos? Por que acabamos sofrendo quando elas mudam? Porque temos um conceito errado sobre a impermanência.

É preciso rever a nossa ideia de impermanência

Em geral, pensamos que impermanência quer dizer que algo que existe hoje um dia vai deixar de existir. Mas, quando falamos em *impermanência*, não é a isso que estamos nos referindo. A mente é impermanente, por exemplo, mas vai sempre existir em contínua transformação.

Impermanência, em tibetano, se diz *mitakpa*. Sua definição é *kechig kechig gyi jigpa*, ou seja, aquilo que se transforma de momento a momento. Portanto, impermanência quer dizer *contínua transformação*, e não simplesmente que algo deixa de existir.

Porque temos a ideia de que impermanência é algo que *um dia irá deixar de existir*, nos apegamos momentaneamente às coisas, na tentativa de controlá-las para ver se conseguimos assim impedir que elas se extingam. Sem nos darmos conta, costumamos pensar: "enquanto elas existem devem continuar iguais". Mas, desta forma, querendo que nada mude, agimos exatamente ao contrário da natureza da realidade!

Por isso, temos que rever a nossa ideia de impermanência.

Se tivéssemos a compreensão correta da impermanência não iríamos sofrer tanto quando as coisas mudam, porque veríamos a realidade tal como ela é: o resultado de uma transformação contínua e natural.

Quando se está muito perto de algo que está se transformando, é difícil perceber sua transformação. É como conviver com uma pessoa todos os dias. O tempo passa, e para nós ela não muda. Mas, para os que estão de fora, ou para quem não a vê há muito tempo, a mudança é evidente, a diferença é visível.

O distanciamento é necessário para que seja possível ver a mudança, porque só assim passamos a ver sob uma perspectiva diferente. A mesma coisa acontece conosco. Eu me lembro de que quando o meu pai estava no Monastério de Sera Me, no sul da Índia, ele reclamava muito de que estudava tibetano e não conseguia aprender. O que não era verdade... Ele aprendeu muito. Só que, como ele vivia 24 horas consigo mesmo, nunca percebia o quanto estava aprendendo. Isso acontece porque não conseguimos nos distanciar de nós mesmos para poder observar a nossa própria mudança. Mas, se parássemos para nos perguntar: "Como eu estava há uma semana?" poderíamos perceber a diferença.

Então, acabamos muitas vezes não vendo as nossas próprias mudanças, porque estamos sempre juntos demais de nós mesmos. Mas sempre chega o dia em que a mudança se torna evidente: quando as causas e as condições amadurecem, o efeito é inevitável, apesar de pensarmos que tudo continua igual.

Um bom exemplo disso ocorre quando nos encontramos com uma pessoa que está morrendo.

Mesmo estando claro, diante dos nossos olhos, que a pessoa não vai durar muitos dias, ainda assim falamos para ela: "Não, não se preocupe, vai dar tudo certo, a gente vai se ver, vamos fazer isso e aquilo juntos".

Isso é assim porque não aceitamos a mudança, essa transformação que é natural em tudo.

As únicas coisas que são permanentes são os conceitos generalizados, como, por exemplo: a impermanência é permanente. Ontem a impermanência não era diferente do que é hoje. E hoje não é diferente do que vai ser amanhã. Mas, tudo o que vivemos, tudo o que percebemos com os cinco sentidos, é impermanente, está sempre se transformando.

Então, o que eu quero dizer é: se a nossa meta estiver baseada numa projeção de permanência sobre o que é impermanente, teremos uma grande desilusão. Está claro isso?

Não quer dizer que não se deva acreditar no mundo à nossa volta, que não devamos colocar energia nas pessoas, nas coisas ou no trabalho.. ..Não, não é isso. O importante é ter uma meta que vá além disso. Isso é muito importante. Porque, senão, cada vez que passarmos por uma mudança maior, a vida ficará sem significado.

O que acontece em geral é que você casa, cria filhos, um dia os filhos vão embora, e você fica sozinho e não sabe o que fazer... Ou, então, você vive perto de uma pessoa, para você ela é a coisa mais importante da vida, aí, um dia, essa pessoa muda completamente de ideia, vai embora, ou até mesmo morre. E, nessa hora, você não sabe o que fazer.

A mesma coisa acontece quando temos um trabalho maravilhoso e um dia somos demitidos... "Minha vida era aquele trabalho... e, agora, o que é que eu faço?".

Tinha um projeto de vida incrível, tudo ótimo, de repente... Bum! Não dá mais.

O que é que eu faço? Aí parece que não temos mais nada a fazer.

Temos que seguir em frente, não podemos ficar parados. Por isso, precisamos tanto de uma meta interior para saber responder: "O que é que eu quero realizar na minha vida?".

É melhor ter clareza do que entendemos por felicidade

É claro que ser feliz é algo que todos nós desejamos. No entanto, precisamos rever o nosso conceito de felicidade para ter clareza do que realmente estamos dizendo.

Felicidade é um estado natural que surge quando pacificamos nossos conflitos internos. Quer dizer, não depende das condições externas, dos meus bens materiais, nem das pessoas que estão à minha volta.

O que está à nossa volta é um meio e não a causa original de nossa felicidade. As condições externas podem nos ajudar a realizar a nossa *meta* de sermos felizes, mas elas, em si mesmas, não podem ser a *causa* de nossa felicidade.

O problema é que quando damos a algo externo o poder de nos fazer felizes, estamos projetando a nossa felicidade nos meios que utilizamos para atingi-la! Desta forma, confundimos o método com o objetivo final. Se agimos assim, o que acontece? Quando as condições externas mudam, de uma hora para outra, acabamos sentindo que perdemos também nosso objetivo. Aí, nos tornamos infelizes outra vez...

Isso ocorre tantas vezes. Não é mesmo?

É maravilhoso quando alcançamos nossos objetivos. É muito bom ter objetivos e saber alcançá-los. Mas, quando acontece alguma coisa diferente do que esperávamos, temos que saber reconhecer que, para realizar nosso objetivo final de ser feliz, teremos que usar um outro *meio* de alcançá-lo. Se não soubermos buscar outros meios, ficaremos sofrendo: "Agora, não tenho mais nada o que fazer na vida...". Então, para não sofrer é melhor ter clareza do que entendemos por felicidade.

As pessoas só colocam esforço em algo quando elas têm, em sua autoimagem, a confiança de que são capazes de atingir sua meta

Pergunta: Lama Michel, mas como encontrar forças para enfrentar as situações difíceis?

Lama Michel Rinpoche: Já faz um tempo que comecei a observar onde as pessoas colocavam seus esforços. Notei que se uma pessoa queria mesmo emagrecer, ela encontrava força para fazer seu regime. Se ela queria ganhar dinheiro, gerava esforço e conseguia o que queria. Então, pensei: "As pessoas só colocam esforço em algo quando elas têm, em sua autoimagem, a confiança de que são capazes de atingir sua meta".

Acho que é por isso que no Ocidente as pessoas têm mais dificuldade de seguir um caminho espiritual, porque elas próprias não têm uma autoimagem baseada na espiritualidade. Por exemplo, se a pessoa consegue se imaginar magra ela ganha forças para fazer o regime; se ela consegue se imaginar rica, ela tolera todas as dificuldades que tiver de passar para ganhar dinheiro, mas se ela não consegue se imaginar espiritualizada, como vai se esforçar para alcançar uma coisa que nem sabe o que é? Por isso, acho que primeiro precisamos pensar na imagem que nós queremos ter de nós mesmos.

Observamos quem está morrendo como um reflexo de nós mesmos

Pergunta: Lama Michel, em geral, acho que não queremos falar sobre a possibilidade de uma pessoa muito doente morrer, porque temos uma fantasia de que, ao aceitar a morte dela, ela irá logo falecer. Eu queria que você falasse um pouco sobre esse medo de que aceitar algo que tememos faz com que ele ocorra. Na verdade, eu acho que aceitar é diferente disso. Mas, a gente tem uma ilusão de que, enquanto estiver sustentando essa oposição, aquilo não será real, não estará acontecendo.

Lama Michel Rinpoche: Isso acontece por quê? Porque temos um conceito errado de aceitação. Em geral, no momento em que a aceitamos, dizemos: "Ok, é assim, eu não posso fazer nada". Está errado. Quando estava dando um dos meus ensinamentos em Borobodur,[5] na Indonésia, acho que foi em 1995, tinha falado pelo menos já umas duas horas sobre aceitação e, no final, uma pessoa me perguntou: "Ah! Então, quer dizer que devo aceitar tudo o que me acontece? Estou no meio da rua, e um carro vem me atropelar, então, eu devo aceitar que o carro me atropele? Devo ficar lá esperando que ele passe por cima de mim?". Logo respondi: "Não! É exatamente o contrário!".

---

5 Borobodur é o maior monumento budista do mundo. Construído na forma de uma mandala tântrica, durante os séculos VII e IX, Borobodur situa-se na parte central da ilha de Java na Indonésia. Lama Michel, junto com Lama Gangchen Rinpoche e seus discípulos, visitou-o, durante vários anos, como uma forma de peregrinação.

Se vejo que um carro está vindo em minha direção, aceito que ele está vindo, mas saio da frente! Se um carro vem me atropelar, é claro que não vou ficar, nesse momento, questionando qual é a cor do carro, qual o número da placa, por que será que ele está ali, nem se o cabelo do motorista é loiro ou negro... Não importa! Mas, para poder sair da frente do carro, tenho que entender de onde ele está vindo, porque se simplesmente sentir que um carro está vindo me atropelar, mas não souber de onde, não vou saber por onde escapar.

Muitas vezes nos encontramos numa situação difícil, e ficamos tão alarmados com ela que nem olhamos à nossa volta. Por isso, quando não temos a capacidade de observar um problema com calma, encontramos dificuldade para achar a solução correta.

Agora, diante de uma situação como a morte, acredito que temos dificuldade de aceitá-la porque nos sentimos tão impotentes, que acabamos confundindo a nossa *incapacidade* de fazer alguma coisa com *aceitação*. Por isso, achamos que aceitar não é algo bom. Como se aceitar significasse não ter nada mais o que fazer. Mas, não é verdade que não podemos fazer nada. Assim como não é real que se aceitarmos a morte, ela irá ocorrer mais cedo. Num determinado momento, a morte vai acontecer de qualquer jeito. Imaginem se as pessoas só morressem porque nós aceitamos a morte delas!... Nesse caso, se nunca aceitássemos a morte, ninguém mais morreria!

Então, é claro que este não é o ponto.

O fato é que devemos saber observar quando uma pessoa está nos momentos finais de sua vida, porque existem diferentes modos de ajudá-la a morrer de uma forma mais pacífica.

Nosso problema com relação à morte é que, em geral, muitas vezes, na grande maioria das vezes, observamos quem está morrendo como um reflexo de nós mesmos.

Então, por isso, temos medo da morte. Tememos que ocorra conosco o que está acontecendo com a pessoa que está morrendo. Quando queremos prolongar a vida de alguém que está falecendo, visamos prolongar a vida em si mesma. Mas, eu não sei se, quando estivermos passando por esta situação, vamos querer que ela se prolongue muito...

Diante da morte o que mais precisamos é de amor sincero

Pergunta: Por que a gente se sente impotente diante da morte?

Lama Michel Rinpoche: Na grande maioria das vezes, realmente a morte é o momento no qual nos sentimos mais impotentes. Por quê? Porque não temos nenhuma familiaridade com ela. Não temos a mínima ideia do que fazer diante de nossa própria morte! Se tivéssemos que morrer daqui a cinco minutos, não saberíamos o que fazer... Então, normalmente é isso que acontece. Na verdade, é essa mesma impotência que sentimos quando estamos ao lado de alguém que está morrendo.

Se pararmos para observar com atenção, não será difícil compreender o que a pessoa que está morrendo necessita, a cada momento. A melhor forma de ajudá-la é simplesmente dando amor a ela. Todos nós gostamos de estar perto daqueles que amamos... No Budismo, dar amor e proteção é uma questão de generosidade. Mas nós precisamos aprender tanto a *dar* quanto a *receber* amor.

Se dermos amor sincero para uma pessoa que está morrendo, não importa se ela nos é ou não familiar, iremos realmente ajudá-la. Diante da morte, estamos muito mais sensíveis do que em qualquer outro momento. O que mais precisamos é de amor. Por isso, estamos muito abertos para recebê-lo. Se nosso amor for sincero, ela vai reagir automaticamente de uma forma positiva.

Apesar de nos sentirmos impotentes, podemos mudar e passar a acreditar mais em nosso potencial de ajuda... Podemos fazer muito com atitudes muitos simples. Não é que para ajudar uma pessoa que está morrendo precisamos necessariamente ter médicos, ter um psicólogo ou assistência de um Lama. Com amor, sincero, basta sermos nós mesmos. É claro, existem vários métodos e rezas que podemos aprender. Mas, mesmo assim, não existe nenhuma situação em que não possamos fazer realmente nada. Sempre há algo, um mínimo a fazer. Por isso, não há razão para continuarmos a nos sentir impotentes e ter tanto medo do momento da morte.

Não há nada de errado em sofrer: o problema é ficar apegado ao sofrimento

Pergunta: Não é por egoísmo que sofremos quando alguém morre?

Lama Michel Rinpoche: Olha, sofremos por várias e várias razões. Mas, na realidade, iremos sofrer muito mais, quando alguém muito próximo a nós morrer, se tivermos projetado nessa pessoa a nossa própria felicidade.

Por isso devemos nos observar: o que nos faz sofrer com a morte de uma pessoa? Será o nosso sofrimento ou o sofrimento que ela passou? Ou será o fato de que ela não está mais aqui? Na grande maioria das vezes, sofremos pela perda, pela falta que sentimos. Mas, por que sentimos tanto sua falta? Porque projetamos *algo a mais* naquela pessoa: a nossa felicidade. Mas, como já vimos anteriormente, ninguém pode garantir a nossa felicidade!

Não tem nada de errado em ter uma amizade com alguém, amar uma pessoa, estar bem com ela. É claro que, se uma pessoa nos faz bem, no momento em que ela não estiver mais aqui, sentiremos sua falta. Será difícil, vamos sentir saudade. Mas, ainda assim, podemos refletir um pouco melhor sobre como projetamos a nossa felicidade nos outros.

Sofri muito quando o meu grande mestre Ken Rinpoche faleceu. Lógico que foi muito difícil. Eu chorei por muitos dias. Não foi uma coisa insignificante. Mas, na realidade, o meu sofrimento não era porque eu estava preocupado com o que havia acontecido com ele. Estava triste porque eu não *tinha* mais a companhia dele. Então, é normal. Afinal, não somos iluminados... Mas, o fato é que, enquanto estivermos projetando a felicidade e as nossas metas nas outras pessoas, entregando-lhes nossa vida, no momento em que elas morrerem estaremos totalmente perdidos, não saberemos mais viver. Aí, realmente não teremos mais coragem para seguir em frente... Então, é melhor pensarmos sobre isso muitas vezes.

É possível não sofrer? É! Mas, para isso, é preciso ter altas realizações. Do jeito que a maioria de nós é, não sofrer diante da morte de alguém importante para nós mesmos seria quase uma completa insensibilidade. É impossível não entrar em contato com os nossos próprios sentimentos, com as nossas próprias emoções. Não há nada de errado em sofrer. O problema é ficar apegado ao sofrimento.

Isso não quer dizer que, diante de uma situação difícil, devemos sofrer e ficar dizendo para nós mesmos: "Não, eu não sou forte". Esconder nosso sofrimento, fazendo de conta que ele não existe, só pode ter dois resultados: a implosão ou a explosão.

Quando nos escondemos das dificuldades, pode até parecer que estamos levando adiante a nossa meta, mas, o que estamos realmente fazendo é colocando a sujeira debaixo do tapete. Até que, um dia, vamos nos ver em meio à sujeira, porque entramos debaixo do tapete... Nessas horas sentimos uma depressão profunda e não vemos mais nenhuma saída.

Portanto, o problema não está no fato de sentirmos o sofrimento em si mesmo, mas em como lidamos com ele. O problema maior surge quando a outra pessoa vira a base de nossa vida. Vira nossa maior meta, tudo o que queremos realizar. Quando amamos uma pessoa, ela deve ser o nosso companheiro de um caminho, mas não é o ponto final aonde queremos chegar.

A partir do momento em que temos como meta nosso desenvolvimento interior, podemos passar por mudanças econômicas, físicas, das pessoas à nossa volta, da situação de nosso país, seja o que for. Tudo pode acontecer, mas não teremos perdido a nossa meta principal. Ela vai sempre se manter com mais ou menos dificuldades. Podemos até ter que dar alguns passos para trás. Mas, mesmo assim, continuaremos sabendo para onde estamos indo. Então, confiar em nosso desenvolvimento interior é que nos dá força e cria um espaço necessário para conseguirmos respirar diante de qualquer situação e nos dizer: "Ok. *Isso* ninguém pode tirar de mim".

A minha meta pessoal é fazer com que qualquer lugar, qualquer pessoa, qualquer situação seja *aconchegante* para mim, ou seja, estar bem comigo mesmo e confortável diante do que quer que me aconteça. Perfeito o mundo nunca vai ser! Mas, podemos torná-lo, pelo menos, mais acolhedor. Quando percebo que já me sinto mais *aconchegante* em qualquer situação, é porque não estou mais projetando a minha própria identidade, a minha felicidade, no que está à minha volta. Isso não é uma forma de egoísmo. Afinal, se eu não estiver bem comigo mesmo, jamais poderei ajudar os outros. É impossível.

No Budismo se diz: "Eu nunca posso amar o próximo sem antes amar a mim mesmo".

O que é amar?

É desejar felicidade. Mas, como eu posso desejar felicidade para alguém, se não a desejo para mim mesmo? Como posso desejar algo que desconheço? Não estamos falando de um bem-estar passageiro, mas sobre a felicidade última: a felicidade verdadeira. Por isso, é muito importante que, antes de tudo, tenhamos clareza sobre o que queremos realizar interiormente.

Por exemplo, uma pessoa materialista acredita que será feliz tomando refúgio nas coisas materiais, ou seja, pensa que felicidade é ter *isso* ou *aquilo*. Já uma pessoa espiritualizada encontra a felicidade tomando refúgio no seu caminho interior. Esta é a principal diferença entre aqueles que buscam a felicidade como uma forma de bem-estar e aqueles que se dedicam à felicidade última. Quando o Budismo nos diz que, para renunciarmos ao sofrimento, teremos que renunciar aos prazeres mundanos, não está se referindo a não ter bem-estar e prazer, mas sim a não reconhecê-los como a verdadeira *causa* de nossa felicidade. Porque tudo que é material é passageiro, mas a verdadeira felicidade é um estado de consciência que se encontra em nosso interior e não depende das coisas materiais.

Fique satisfeito com as pequenas coisas para ter uma vida mais feliz

Como costumo dizer: "Fique satisfeito com as pequenas coisas para ter uma vida mais feliz".

A maior parte dos problemas que vivenciamos durante nossa vida são causados por nossa dificuldade de nos sentirmos satisfeitos. Não importa o que temos, nunca é o suficiente. Somos movidos por um desejo constante de trocar as coisas que temos, pois sempre queremos algo melhor, ou algo mais...

A primeira vez que fui ao Tibete, em 1991, fiquei impressionado com o povo tibetano. Apesar de serem pobres e viverem em condições miseráveis, eles vivem e trabalham felizes, cantando do amanhecer ao pôr do sol.

No Ocidente, temos muitos bens materiais, mas, ao contrário dos habitantes das aldeias tibetanas, nós nos esquecemos de apreciar as pequenas coisas ao nosso redor. Esquecemos o quanto podemos nos sentir felizes e em paz apenas olhando as estrelas, o céu, as árvores, o pôr do sol, ou o prazer e a alegria que podemos sentir e criar em torno de nós por meio do som de uma canção.

Pessoalmente, me sinto muito feliz e satisfeito quando posso fazer alguém feliz. Isso não significa que precise dar presentes grandes e caros. Simplesmente, um pouco de atenção pode ser o suficiente para dar felicidade a alguém.

Grandes ações são feitas de pequenas ações, assim como uma hora é feita de 60 minutos e um dia de 24 horas.

Em vez de procurarmos pela paz em um ideal distante, ou em um sonho – o que gostaríamos de ter ou o que gostaríamos de ser –, deveríamos ter consciência da nossa situação presente, e tentar apreciar tudo de positivo que, na realidade, temos em nossa vida.

Se não aprendermos a ficar satisfeitos com o que temos agora, será impossível ficarmos satisfeitos com o que teremos um dia.

Estamos sempre à procura de felicidade e paz nas coisas materiais. Mas, um dia, a casa que passamos anos economizando para comprar vai ficar muito pequena; o carro que sonhamos e desejamos vai quebrar; nosso computador, que pensávamos ser da mais alta tecnologia, será substituído por um modelo mais novo.

As esperanças e os sonhos nos quais baseamos a nossa felicidade nunca são realizados, porque, assim que alcançamos um deles, mudamos nosso objetivo ou nosso objeto de desejo, criando mais uma vez a sensação de insatisfação e infelicidade.

No Tibete é muito comum escutar os turistas reclamarem das condições em geral: a comida não é muito boa, não existe água quente, as estradas são esburacadas, o telefone não funciona etc. Enquanto isso, os moradores de lá vivem sem água encanada, comem comida simples de *tsampa* (farinha) e não têm os confortos modernos.

Se realmente queremos desenvolver uma mente calma e estável, devemos parar de pensar sobre coisas impossíveis que estão fora do nosso alcance; devemos aprender a aceitar a felicidade criada pelas pequenas coisas.

Agradeço muito às dificuldades que já enfrentei

Não tem nada de errado em estar diante de uma situação e reconhecer: "Para mim, isso é difícil". Não há problema nenhum em chorar. O problema é quando desistimos de encontrar uma solução. Afinal, sempre existem soluções.

Problemas existem e devemos respeitar os nossos próprios limites. Quando fazemos de conta que eles não existem para nós, que *está tudo bem*, acabamos não respeitando nossos limites, inclusive físicos, e o resultado é que poderemos ficar com problemas no pulmão, no fígado, nos rins, na digestão, e por aí vai.

Eu já tive essa experiência de estar diante de uma dificuldade, algo que me fazia sofrer, mas não queria dar importância. Queria simplesmente seguir adiante, fazer aquilo que eu acreditava que, naquela hora, era o mais importante. Agia como se aquilo não tivesse a mínima importância para mim. Acabei não me relacionando emocionalmente com a verdadeira dificuldade que eu tinha. Por um lado, isso é uma forma de autodefesa. Mas talvez se ficasse ocupado com aquela dificuldade, não poderia levar adiante o que tinha que fazer. Quer dizer, se eu estou dirigindo em uma estrada muito perigosa e a pessoa que está ao meu lado começa a contar uma história pesada, um grande problema emocional, que exige a minha atenção, não vai dar certo. Não vou poder me concentrar nem na conversa nem na direção.

Mas, depois que resolvemos o que era mais urgente, precisamos voltar atrás, retomar aquela situação que tentamos deixar de lado e trabalhar com ela.

Há mais ou menos 4 anos, quando estive no Brasil, acabei indo parar no hospital porque estava com uma dor nas costas que não passava. O médico achou que podia ser tuberculose. Fiz os exames e não deu nada. Mas, naquela hora, eu me dei conta de que precisava me tratar melhor. Isso aconteceu porque eu tinha uma coisa, que era uma dificuldade, e a deixei de lado. Ficava me dizendo: "Não, não tem problema!"... Tive sorte de não ter nada grave. Então, o que eu quero dizer é que temos que lidar direito com nossas dificuldades... olhar nos olhos... nos relacionar com elas... arrumar as coisas... colocar cada coisa em seu lugar.

Ter clareza dentro de nós.

Temos que ter coragem de adentrar nosso interior, olhar em volta sem medo do que vamos encontrar. Porque, se mantivermos essa tendência de esconder uma coisa aqui e outra ali, "eu não sinto isso, eu não sinto aquilo", garanto que aí não vai funcionar. Vai dar em implosão ou em explosão. Por isso, temos que aceitar que problemas existem e nós não somos iluminados!

Ainda estamos no reino humano com todos os nossos limites, qualidades e capacidades.

Mas a coisa mais importante é ir além disso e, aos poucos, procurar fazer de cada momento algo significativo.

Eu hoje agradeço muito às dificuldades que já enfrentei.

A coisa mais incrível foi no momento em que pensei: "Nossa, eu nunca tive nenhuma grande dificuldade na minha vida. Então, como é que vou ajudar as pessoas que estão passando por momentos tão difíceis?". Logo veio uma dificuldade para eu enfrentar. Foi só pedir! Agora eu agradeço muito por todos os momentos difíceis pelos quais passei, porque posso olhar para trás e ver o quanto eu aprendi com eles, como me ajudaram a me fortalecer.

O que sempre acontece?

Se temos uma dificuldade e simplesmente a colocamos de lado, ela vai reaparecer de outra forma: com outro rosto, com outra cor, tamanho, mas o fato é que ela certamente vai se repetir.

O mundo não é muito criativo. Se prestarmos atenção, desde o começo da humanidade, os problemas são sempre os mesmos. Não há nada muito original... As pessoas sofrem sempre com as mesmas coisas. "Como somos burros!" (*risos da plateia*). Será que nunca vamos aprender?

Deixando de lado as brincadeiras, o que acontece é que se eu tenho um problema e aceito lidar com ele, vivenciá-lo, então vou poder crescer com ele. Assim, quando a mesma dificuldade surgir outra vez, já não será mais tão difícil. E da vez seguinte será menos difícil ainda, até o momento em que aquilo não será nada demais, só uma *pequena* dificuldade.

Mas, se lidarmos apenas com os sintomas e não com o verdadeiro problema, ele vai se repetir em outro lugar.

Se tenho uma infecção no meu braço e cuido apenas da ferida, o veneno vai continuar fluindo no meu sangue... e vai acabar em outro lugar. Então, se estamos diante de uma dificuldade, temos que reconhecer quais são as verdadeiras raízes dela. Lidar diretamente com ela. Ir lá no fundo. Como se costuma dizer: *"Cortar o mal pela raiz"*. Só cuidando da origem do problema é que temos a certeza de que ele não irá retornar.

Nosso espaço é ilimitado. Somos nós que o limitamos quando ficamos presos aos nossos problemas e perdemos a coragem de seguir adiante.

Acho que isso é o mais importante quando falamos sobre ter coragem de seguir em frente: não ter medo das dificuldades, não ter medo de sofrer. E ter a certeza de que existe algo muito bonito na vida, algo que podemos realizar a cada dia, e, assim, acumulando as pequenas realizações diárias, poderemos ter grandes realizações.

Caso contrário, para que servem todos os nossos esforços? A vida é única e maravilhosa.

Rezar para aqueles que morreram

Antes de terminar, vamos rezar para as pessoas que morreram ou que estão enfrentando agora o processo da morte. Esta é uma das atividades deste *gompa* na Sede do Vida de Clara Luz.

Hoje em dia perdeu-se muito o sentido da reza. Por que rezar? Reza-se menos, reza-se pouco, ou até mesmo nem se reza.

Em geral, reza-se em ocasiões especiais, sejam boas ou ruins. Mas, na maioria das vezes, as pessoas rezam mesmo nas horas difíceis e ruins, ou então, quando rezam por algo bom, é para que ele não se torne ruim.

Quando tudo vai bem, reza-se muito menos. Para mim, pelo menos, a maioria das pessoas pede para que eu reze por elas quando estão passando por situações difíceis.

Por exemplo, quando duas pessoas se casam, elas não pedem: "Reze para que eu tenha compreensão, para que eu possa ter amor, aceitação, sabedoria".

No Budismo, as rezas também devem ser feitas quando estamos bem, porque o sentido de rezar é o de nos ajudar a acumular energia positiva para desenvolver nossas qualidades internas, independentemente de estarmos diante de uma dificuldade ou não.

O poder da reza é muito forte. É tão importante quanto o poder das bênçãos de que falei no início da palestra hoje. Assim como as bênçãos têm poder sobre a matéria, as rezas, quando estão baseadas numa intenção amorosa sincera, têm também grande força.

Alguém já parou para pensar em como é absurda a ideia de que a mente não tem nada a ver com o corpo? Isso é loucura! Então, se nossa mente pode influenciar a matéria, ela pode também influenciar o corpo e a mente de outra pessoa.

As rezas dirigidas às pessoas que já faleceram têm muito poder. Pois, até os próximos 49 dias depois de sua morte, a pessoa ainda tem uma percepção direta da energia emanada pelos vivos. Principalmente da energia que emana daqueles de quem era muito próxima. Por isso, é preciso rezar com amor e compaixão por quem faleceu.

Quando uma pessoa ou qualquer ser vivo morre, isto é, quando o seu corpo grosseiro deixa de funcionar, a sua mente continua existindo em um estado de existência muito sutil e permanece por até 49 dias no *Bardo*: um estado intermediário entre a morte e o próximo renascimento.

Sem os bloqueios criados pelo corpo físico, a mente torna-se clarividente. Isto é, um ser no *Bardo* é capaz de ter uma percepção direta da mente dos vivos. Aliás, todos nós podemos desenvolver esse potencial de uma percepção muito sutil. Muitas pessoas possuem essa capacidade tendo ainda um corpo humano. Mas no *Bardo* ela é muito maior.

O que isso quer dizer? Que quando a mente está no *Bardo* ela tem a capacidade de receber o nosso amor.

Não é preciso preocupar-se em saber se a pessoa falecida já renasceu em outro corpo ou não para que ela receba a força de nossas rezas. Pois mesmo que ela já tenha renascido, isto é, que não tenha mais essa percepção direta, ela será beneficiada. Afinal, toda causa gera inevitavelmente um efeito. Então, se dedicamos nossa reza a alguém, criamos uma causa positiva que, por meio da interdependência dos fenômenos, irá certamente manifestar seu efeito. Nunca devemos pensar que as nossas rezas são em vão. Nunca, pois nunca são.

O importante é que essas rezas sejam feitas com sinceridade. Se rezarmos apenas repetindo automaticamente as palavras, é melhor ficarmos quietos. Temos que rezar com o coração. Aí sim teremos o resultados. Não importa se conhecíamos a pessoa ou não. O poder da nossa mente é muito, muito maior do que podemos imaginar!

Então, vamos rezar para todas as pessoas que já morreram. Especialmente para aquelas que faleceram nesses últimos dias, durante o terremoto na Indonésia.

Vamos também dedicar nossas rezas para todas as pessoas que estão morrendo nesse momento, pois são muitas. Assim como vamos dedicar para todos aqueles que estão neste momento no estado intermediário do *Bardo*, pois é um momento de muito medo: sofremos por não saber onde estamos nem o que vai nos acontecer.

Pergunta: É pior que no *samsara*?[6]

Lama Michel Rinpoche: O *Bardo* é também *samsara*. Se morrer significasse sair do *samsara*, seria muito bom. Um dos grandes sofrimentos do *Bardo* é não ter nenhum ponto de referência. Alguém já teve a experiência de sonhar e não saber bem quem é no sonho, nem onde está, aonde deve ir e o que deve fazer? Essa é a situação no *Bardo*. É uma situação na qual eu não sei quem eu sou, onde estou, aonde quero ir, nem para onde estou andando.

Pergunta: Lama Michel, isso tem a ver com a falta de uma identidade espiritual que você falou, ou seja, isso acontece porque em vida essa pessoa não tinha uma identidade espiritual?

Lama Michel Rinpoche: Tem a ver com isso também. Quer dizer, como durante toda a vida vivemos apegados à nossa identidade, baseada num corpo físico e em nossos bens materiais, e é isso que temos como referência de quem somos, onde estamos e para onde vamos, quando entramos no estado do *Bardo* acabamos nos sentindo completamente perdidos, pois lá não há qualquer um desses referenciais.

É mais ou menos como se fôssemos para uma cidade onde nunca tivéssemos estado antes e onde não conhecemos nada, ninguém. Mesmo tendo um corpo, já nos sentiríamos perdidos. Agora

---

[6] Samsara quer dizer o contínuo sofrimento que vivenciamos por estarmos presos na interminável e involuntária sequência de mortes e renascimentos.

imaginem de repente não ter mais nenhum ponto de referência conhecido. Nessas horas, poder sentir-se familiar com a sua própria base, ter uma identidade interior forte, irá ajudar muito. Se, na hora da morte, essa identidade interior estiver clara, ela poderá nos dar o direcionamento positivo durante toda a passagem no *Bardo*. Por isso, o desenvolvimento espiritual nos ajuda tanto agora como mais tarde!

Agora, então, vamos rezar.

Reza para se libertar dos medos do *Bardo*

OM MANI PEME HUM HRI – OM MANI PEME HUM
TCHOM DEN GUIALWA SHI DRO LA TSOG KYEN
BARDO DJIG PE TRANG LE DREL DU SOL

Assembleias de Gloriosas e Vitoriosas Divindades Pacíficas e Iradas, ouçam-me: por favor, libertem (pense então no nome e na imagem da pessoa falecida) dos medos da estreita e terrível passagem do Bardo.

Reza para a Imortalidade

DU MIN TCHIWE TSENMA TONWA NA
DE YI MÖ LA MYKIO DORDJE KU
SEL WAR TONGNE TCHI DAG PEL TCHOM TE
TCHIME RIGZIN NYURDÜ TOBPAR SHOG

Vendo os sinais de uma morte prematura,
Possa eu, com a clara visão de Mykio Dorje,
Derrotar o Senhor da Morte e obter, velozmente, o siddhi *da imortalidade.*

Para finalizar, gostaria de dedicar toda a energia positiva acumulada nesta noite à longa vida de nosso mestre Lama Gangchen Rinpoche. Que seus ensinamentos e atividades possam sempre prosperar e crescer.

Tashi Delek!
Boa noite a todos!

Carta de Lama Michel Rinpoche

2ª Sessão Plenária do *Fórum Mundial Permanente Espírito e Ciência da LBV*, realizado em outubro de 2004 em Brasília-DF: *Discutindo a morte e a vida depois da morte*

Antes de mais nada, gostaria de agradecer o convite para participar deste congresso em que se falará sobre a morte e as condições pós-morte. Fiquei muito feliz quando soube que estavam organizando um congresso sobre um assunto tão importante, sobre o qual se fala muito pouco nos dias de hoje. Apesar de não poder comparecer pessoalmente, gostaria muito de usar a oportunidade deste convite para partilhar um pouco de minha experiência e de meu conhecimento.

Desde muito pequeno, de uma forma sutil, sempre esteve presente em minha mente a crença na reencarnação e na continuidade da vida depois da morte. Quando tinha 4 anos, uma pessoa de quem eu gostava muito, que era o meu dentista, faleceu. Sua morte me fez pensar muito, eu queria entender para onde ele tinha ido depois da morte, onde ele estava naquele momento. Perguntei à minha mãe, e ela me disse que ele estava no cemitério. Pedi-lhe que me levasse até lá. Fomos ao Cemitério da Consolação, onde meu bisavô está enterrado. A primeira coisa que reparei no cemitério foi o silêncio, do qual gostei muito. Paramos a caminhada em frente ao túmulo de meu bisavô. Ali, fiquei refletindo um pouco e, de repente, comentei com minha mãe: "Então, quer dizer que um dia nós dois vamos morrer e ficar debaixo da terra, e o seu avô vai estar vivo andando, como a gente agora, na frente dos nossos túmulos?!".

Essas ideias não tinham chegado até mim por influência familiar, pois nunca recebi uma educação que falasse em reencarnação, já que minha mãe vem de família presbiteriana, e meu pai, de família judia.

Sempre gostei de pensar sobre a morte. Mas nunca como algo que me fizesse sentir medo, e sim como um pensamento que me relembrava o valor de cada dia desta vida. Dizem que um verdadeiro budista deve lembrar da morte pelo menos uma vez por dia. Eu, pessoalmente, faço isso com algumas perguntas.

A primeira coisa que me pergunto é: "Morrerei um dia ou não?". Essa pode parecer uma pergunta banal, óbvia, mas o fato de nos perguntarmos isso nos faz recordar com muita intensidade a certeza de que um dia morreremos. A maior parte de nós tem a tendência de não pensar sobre na morte com sinceridade, ou seja, como algo que realmente vai nos acontecer mais cedo ou mais tarde. Por isso, quando nos perguntamos sinceramente se um dia morreremos, nos obrigamos a pensar de uma forma mais direta sobre o fato de nossa própria morte.

A segunda pergunta que sempre me faço é a seguinte: "Tenho a certeza de que um dia morrerei, mas sei quando isso vai acontecer?". Hoje tenho 23 anos. Ao me perguntar quando vou morrer, eu poderia imaginar, por exemplo, que provavelmente chegarei até os 50 anos. Porém, se me perguntar de uma forma realmente sincera se posso ter certeza de que chegarei até essa idade, a resposta será a de que, na verdade, não posso ter nenhuma certeza em relação a isso.

Mesmo tendo boa saúde e boas condições de vida, não posso realmente ter certeza de que chegarei aos 50 anos. O mesmo raciocínio é válido quando penso que talvez chegue até os 40, ou até os 30, ou 25... e, na verdade, não posso ter certeza nem de que chegarei aos 24. Isso nos mostra o quanto é incerto o momento de nossa própria morte. É muito importante nos lembrarmos disso, pois temos uma mente sutil que nos diz todos os dias: "Não vou morrer hoje".

A terceira pergunta que sempre me faço é uma pergunta muito importante: "Se eu morrer hoje, ou daqui a 10, 20, 50 anos, o que continuará? O que levarei comigo? O que deixarei neste mundo?".

E, por último, me questiono: "O que estou fazendo hoje para contribuir para o que vem depois da minha morte, ou seja, para a 'minha próxima vida'?".

Todas as tradições espirituais e religiões acreditam em uma continuação depois da morte. Como essa continuação se dá, porém, é uma questão que cada sistema interpreta a seu modo. Mas o importante é que há essa crença em alguma forma de continuidade. Na cultura ocidental, baseada no Cristianismo, muitos usam a palavra "alma" para se referir à essa continuação. No Budismo, a expressão que usamos é "contínuo mental". É importante lembrar que a "alma" ou "contínuo mental" não é algo que vamos encontrar no momento da morte, mas sim algo que já está conosco, que faz parte de nós, e que é a nossa verdadeira identidade.

Nos ensinamentos tradicionais do Budismo Tibetano, diz-se que uma verdadeira prática espiritual é aquela que é feita para a próxima vida, e não para esta. Muitas pessoas no Ocidente interpretam erroneamente essa ideia como se significasse que nossa vida atual não tem nenhuma importância. Mas, na verdade, nesse caso, a expressão "esta vida" se refere a todas as coisas que se referem apenas a *esta vida*, ou seja, que não poderão ir conosco no momento de nossa morte, como, por exemplo, nossos bens materiais, nosso corpo e a imagem que os outros têm de nós. Por isso, todas as ações que fizermos com a finalidade de desenvolver essas três coisas, mesmo que meditações, preces etc., nunca se constituirão em uma prática espiritual. Uma prática espiritual são as nossas ações voltadas para o que sabemos que terá uma continuidade depois de nossa morte.

Acredito que o que vai de uma vida para a outra é o que chamamos de *mente sutil*, ou emoções; são as atitudes internas que não precisam de preparação, que vêm de uma forma automática. Por exemplo, qual de nós precisa se preparar para sentir raiva? Ninguém. Quando a raiva vem, ela vem. Quem precisa se preparar para sentir amor? Essas atitudes mentais simplesmente vêm. O que levaremos sempre conosco, tanto nesta vida como no que vem depois dela, é aquilo que temos em nosso mundo interior: nosso coração, nossa alma, seja qual for o nome que usarmos para falar disso. Levaremos para a próxima vida as qualidades que desenvolvermos, como o amor, a compaixão, a generosidade, a sabedoria, o espaço interior, e todas as outras qualidades interiores. Mas também levaremos nossa raiva, apego, ciúmes, orgulho, avareza, ignorância, aversão, e tudo aquilo que chamamos de *nossos venenos mentais*.

Por isso, é também importante nos perguntarmos: "E se eu morrer agora, o que levarei comigo?". Pessoalmente, sinto que fazer essa pergunta com sinceridade a mim mesmo é a melhor forma de avaliar meu próprio desenvolvimento espiritual. Devemos tentar viver de uma forma tal que possamos dizer a nós mesmos ao final de cada dia: "Tenho algo a mais de positivo que poderei levar comigo e algo a menos de negativo."

Para entender melhor a continuação da vida depois da morte, devemos antes de tudo ter clareza sobre nossa própria identidade. Quando nos perguntamos quem somos verdadeiramente, ou "o que" somos verdadeiramente, é muito difícil ter de imediato uma resposta clara, rápida e certa. Para saber onde estamos projetando nossa própria identidade, devemos *observar* onde estamos projetando nossa felicidade, pois o objetivo final da nossa identidade é ser feliz.

Se projetarmos nossa felicidade principalmente em nosso corpo, isso indica que teremos nossa identidade também projetada principalmente nele; o mesmo é válido em relação à maneira como lidamos com nossa imagem e com nossos bens materiais. Por isso, é muito importante projetar nossa felicidade, e assim também nossa identidade, em algo que vá além do que se refere apenas a esta vida atual. Isso não quer dizer projetar nossa felicidade em algo que esteja além desta vida, mas sim em algo que está nesta vida, mas algo que a transcende.

Se examinarmos a morte, veremos que há nela três aspectos principais. Primeiro é seguro que ela ocorrerá, tanto para nós como para todos os demais. A única certeza que podemos ter depois que nascemos é a de que iremos morrer. O segundo aspecto é a incerteza sobre o momento da morte. E o terceiro aspecto é o mistério sobre o que vem depois da morte.

Normalmente, o que fazemos durante a vida? Sabemos que vamos morrer e, mesmo sem saber quando isso ocorrerá, agimos como se isso não tivesse a menor importância, como se fôssemos inconscientes dessa realidade. Por exemplo, é como se tivéssemos uma grande oportunidade de encontrar uma pessoa que nos é muito querida, e para quem gostaríamos de fazer perguntas muito importantes, mas quando a encontramos ficamos falando apenas sobre coisas sem nenhuma importância. Sabemos que teremos de nos separar dessa pessoa, mas não sabemos quando isso acontecerá; mesmo assim, nunca lhe fazemos as perguntas que deveríamos realmente fazer. Quando chega o momento de nos separar, percebemos como perdemos tempo e que nunca fizemos as perguntas que realmente importavam. Então, tentando falar tudo ao mesmo tempo, "atropelamos" uma pergunta na outra, tentando nos comunicar no último momento.

Se não tomarmos consciência com sinceridade da nossa própria morte, correremos o risco de ter que lidar com ela apenas no momento em que ela chegar, quando então já será tarde demais.

Dessa forma, não usamos da maneira correta esse encontro muito precioso, deixando tudo para o último momento, em que não conseguimos realizar seu verdadeiro significado nem colher sua essência. Assim também ocorre nesta vida que temos hoje e é extremamente preciosa. E nós sabemos disso, pois, de tudo que temos, é a ela que damos o valor maior. Esta vida é muito preciosa porque é por meio dela que poderemos realizar os nossos desejos e nos prepararmos para a continuação desta vida e para as nossas próximas vidas.

Reconhecer a preciosidade desta vida e nos lembrarmos disso, olhando para as possibilidades que ela nos oferece, é algo que deve nos trazer uma grande felicidade. Toda manhã, devemos gerar força interior com a felicidade que sentimos ao reconhecer a preciosidade desta vida.

Mas esta vida tão bela, e com tantas possibilidades, um dia acabará; por isso, devemos realizar nossos desejos e nos prepararmos para sua continuidade antes que isso aconteça. Como não sabemos quando esse momento virá, devemos viver cada dia dando o melhor de nós mesmos, tanto para o mundo no qual vivemos como para as pessoas que nos circundam, e para o nosso próprio desenvolvimento interior.

Dizem que os grandes praticantes ou iogues temem sempre a morte, mas ficam felizes quando ela chega, pois se preparam a cada dia para ela e, no momento em que ela chega, é uma grande oportunidade que têm para o próprio desenvolvimento interior. No momento da morte, nossa mente grosseira se dissolve em nossa mente sutil, que vai se direcionar para uma próxima vida. No momento dessa dissolução, ou seja, no momento da morte, será o último pensamento que tivermos que irá dimensionar nossa mente sutil. Se tivermos a consciência de reconhecer o processo dessa dissolução será possível entrarmos em contato direto com a nossa mente muito sutil, e, assim, purificar, ou fazer cessar nossos venenos mentais e desenvolver nossas qualidades diretamente a partir dessa raiz.

Uma vez terminado esse processo de dissolução, nós nos encontramos no que chamamos Bardo, ou estado intermediário entre uma vida e outra, que pode durar no máximo 49 dias.

No final de cada uma das sete semanas, criamos uma nova possibilidade de renascimento, como se fosse uma pequena morte e um pequeno renascimento dentro do próprio *Bardo*. Por incrível que pareça, nós mesmos escolhemos nosso renascimento, só que de uma forma involuntária. Isso acontece quando sentimos desejo pelo nosso futuro pai ou pela nossa futura mãe. Se sentirmos desejo pela nossa futura mãe, nasceremos como homem; se sentirmos desejo pelo nosso futuro pai, nasceremos como mulher. Esse desejo é gerado por meio das condições que criamos no momento da morte e das causas que criamos durante a vida. Se tivermos criado uma causa positiva no momento da morte, como, por exemplo, ter morrido com uma mente de amor, de compaixão ou de serenidade, isso abrirá as portas para as causas positivas que criamos no passado; assim, surgirão as condições para um próximo renascimento positivo. É dessa forma, portanto, ao sentirmos desejo pelos nossos próximos pais, que "escolhemos" nosso próximo renascimento.

Por isso, é muito importante criar causas positivas no presente e uma condição positiva no momento da morte, ou seja, morrer com serenidade e com um estado mental positivo. Devemos nos lembrar sempre, é claro, que para a nossa próxima vida levaremos conosco as qualidades internas, positivas e negativas, que estamos transformando a cada momento.

Muitas vezes nos perguntamos: "Mas, se existe reencarnação, por que não temos uma lembrança direta de nossas vidas passadas?" Acredito que seja devido ao fato de que, durante nossa vida, mantemos contato principalmente – senão exclusivamente – com nossa mente grosseira, deixando a maioria das informações que recebemos em nossas mentes grosseiras, que, no momento da morte, se dissolverão e deixarão de existir.

Será possível escolher nosso renascimento de uma forma voluntária apenas no momento em que nos livrarmos das causas que nos possibilitam fazer essa escolha de forma involuntária, ou seja, quando tivermos abandonado os venenos mentais e as ações geradas por eles. Uma vez nos libertando completamente de nossos venenos mentais, teremos a plena liberdade de escolher onde e quando renascer. Mas os *Bodhisattvas*, os Seres de Grande Compaixão, Seres Iluminados, que chegam a realizar isso, sempre escolhem voltar a renascer, mesmo tendo a opção de não ter que renascer neste mundo de sofrimento. Esses seres escolhem voltar para ajudar aqueles que ainda estão presos nas armadilhas do sofrimento.

As pessoas que têm sua identidade projetada de uma forma muito forte sobre seu corpo e sua imagem sofrem muito no momento da morte, ao sentirem que não terão mais esse corpo e essa imagem. Por essa razão, se pudermos transcender essa identidade e reconhecer a nossa verdadeira identidade interior, o sofrimento da morte será muito menor.

No começo do Bardo, ainda não entendemos que morremos, e isso também nos traz muito sofrimento. Com o passar do tempo, porém, acabamos por nos acostumar a essa nova condição. Durante o Bardo, podemos atravessar qualquer tipo de obstáculo físico, a não ser lugares sagrados e a concepção da próxima vida. Dizem que, no momento do Bardo, algo que pode nos ajudar é lembrar de coisas positivas e, principalmente, lembrar de nosso caminho espiritual. Por isso, rezar para pessoas que estão no Bardo é de grande benefício, pois isso as atrai para o caminho espiritual.

Quando geramos "desejo" pelo nosso próximo renascimento, no momento da concepção, é como se sofrêssemos um acidente de carro. Daquela grande liberdade de poder passar por todos os obstáculos, de repente nos encontrarmos presos em uma nova condição, uma nova vida. Nessa nova vida, inicialmente, também passamos pelo sofrimento de ter um corpo físico ao qual não estávamos mais acostumados.

Muitas vezes, os jornalistas me perguntaram: "Você acredita na reencarnação?". Eu respondia: "Acredito". E eles, então, diziam:"E se ela não existir?". E eu respondia: "Melhor ainda". O fato de acreditar na reencarnação, ou seja, em uma continuação depois da morte depende de como vivo minha vida no presente, e faz com que eu tenha uma vida melhor. Pois desenvolver nossas qualidades internas, diminuir nossos venenos mentais e desenvolver uma identidade mais profunda são atitudes que nos ajudam tanto nesta vida como nas próximas, caso elas realmente ocorram.

Não devemos olhar para a morte e pensar nela de uma forma triste e mórbida, mas sim como quem observa e se recorda de uma realidade que teremos que enfrentar. Além disso, devemos nos regozijar com nossa capacidade de reconhecer esse fato, pois, dessa forma, podemos nos preparar desde agora, tornando-nos a cada dia mais preparados, fortes e seguros. É importante também nunca perdermos a grande felicidade desta vida, lembrando sempre que, se vivermos de uma forma positiva e correta, a continuação depois dela também será bela e cheia de alegria.

Agradeço muito a atenção de todos e espero que essas poucas palavras, que não são nada mais do que minha forma de compartilhar um pouco as ideias nas quais acredito e que me trazem benefício, possam ser de benefício também para cada um de vocês.

Se alguém sentir que alguma coisa do que eu disse lhe foi de benefício, a única coisa que gostaria de pedir é que coloque isso em prática. Hoje é o futuro de ontem e o passado de amanhã; por isso, se quisermos realizar qualquer coisa nesta vida, devemos colocar esforço nessa direção hoje mesmo, e não amanhã.

Mais uma vez, agradeço pela oportunidade de estar aqui com vocês, mesmo que de uma forma indireta, e espero poder em uma próxima oportunidade compartilhar mais algumas palavras com todos, olhando diretamente nos olhos de cada um.

Lama Michel Rinpoche
Albagnano, Itália
20 de outubro de 2004.

Poemas

Em maio de 1997, quando eu tinha 15 anos, estava no meu quarto no Monastério de Sera Me, no sul da Índia. Enquanto estudava, olhei para o horizonte e vi a montanha de Heruka. Por um momento não pensei em nada, apenas observei este lugar sagrado. Foi, então, que me veio uma frase à mente: *Tu és bela como o sol, as estrelas e o luar.* Simultaneamente pensava na beleza da pureza interior e em como ela é representada na forma de Tara, a Libertadora, a Mãe de todos os Buddhas. Enquanto contemplava essa beleza, outras frases surgiam espontaneamente.

No começo não as escrevi, pois não estava familiarizado com poemas. Nunca tinha pensado em escrevê-los. Mas as frases voltavam, e eu sentia que transmitiam a beleza que eu contemplava. Comecei a escrever com uma caneta-tinteiro no vidro da mesa, pelo simples prazer de colocar aquele sentimento em palavras. Escrevia, sem nenhum compromisso, pois o que era escrito no vidro seria apagado depois. Ao terminar o poema, senti-me satisfeito. Pensei em apagá-lo, pois o tinha escrito só por escrever, mas decidi transcrevê-lo. No dia seguinte, ao sentar à mesa durante o estudo, veio-me outra frase com outro sentimento. Comecei a escrever no vidro, sem compromisso. Assim, durante um mês, fiz algo que me vinha espontâneo e do coração, algo que nunca tinha acontecido e que nunca se repetiu: escrever poemas.

Lama Michel Rinpoche
Albagnano, Itália
7 de outubro de 2006.

1

Uma coisa eu sei e digo,
com a qual vocês vão se espantar.
Tudo é belo, tudo é puro, com a mente de amar.
Que não apenas ama os belos,
mas tudo o que precisar.

O amor que nós amamos é amor de desprezar.
Pois amo hoje e amanhã... já é de desdenhar.

O amor verdadeiro não tem tempo nem lugar,
objeto preferido ou a quem procurar.
Em qualquer lugar que olhe, vê um ser para amar.

Mas para os que assim sabem amar,
este amor nunca vai acabar...
e sim aumentar, pois a mente que assim ama,
na eternidade vai amar.
Até que um dia todos saibam, de verdade, se amar.

Este dia vai chegar,
mas é uma pena...vai demorar.
Pois então para que chegue,
todos nós devemos verdadeiramente amar...
sem distinção... amar...

19 de maio de 1997.

2

Não sei por que, mas sempre quis
um certo alguém fazer feliz.

Com o amor que sempre fiz,
este alguém eu fiz feliz.

Pois o amor, como se diz?
Não tem palavras para o que fiz.

A felicidade tem uma raiz:
com um grande amor, fazer sempre alguém feliz.

E é por isso que sou feliz.
E sou feliz pelo que fiz.

25 de maio de 1997.

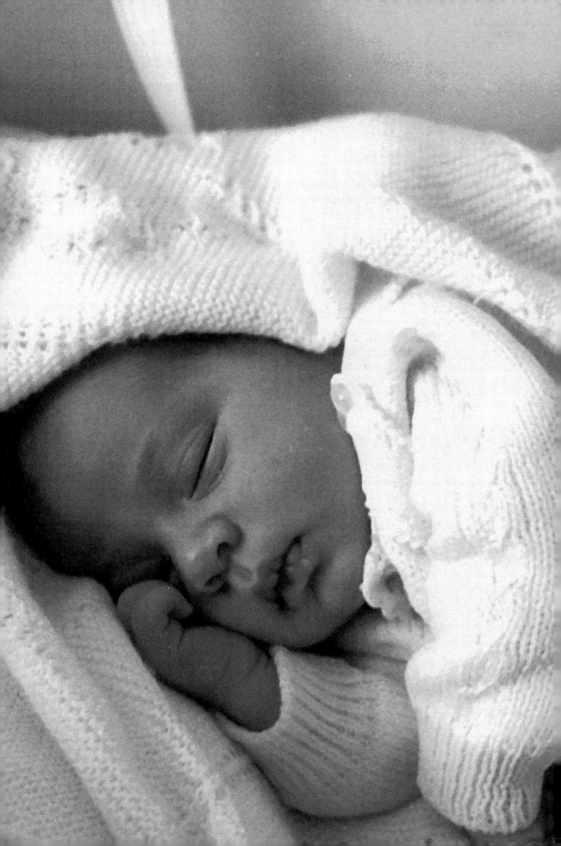

3

Estou dormindo em meu sonhar.
Nele vou ficar se não conseguir acordar.

Mas não posso acordar se no sonho eu ficar.
No sonho vou ficar se a realidade não se realizar,
e o meu pensar, no sonho ficar.
Até que consiga na realidade chegar,
onde vou encontrar a natureza do criar.
E lá acordar pro sonho nunca voltar.

Uma vez acordado, não me deixar dominar
pela mente rebelde que só sabe sonhar.

Quem está a sonhar pensa acordado estar.
Desta forma, na mente, um grande sofrer irá criar.
Pois quem não acorda
no sofrer vai ficar.

9 de junho de 1997.

4

Acordei na hora do levantar
de um sol bonito que vai raiar.
Olhei pra fora a procurar
o sol bonito que vai raiar.

Naquele escuro, o sol achar.
Uma tarefa de torturar.
Então, pensei, a bobear:
ele atrasou, mas vai chegar.

Vi no relógio o pontuar.
Eram as quatro, ainda a chegar.
Nisto eu vi o meu errar
e minha mente titubear.

Na conclusão eu fui chegar:
nos meus olhos devo acreditar.
Pois minha mente pode errar
se direito ela não pensar.

Por isso, hoje eu vou tentar
a minha mente direito usar.
Um verdadeiro sábio sabe pensar
e os seus sentidos sabe usar.

Com o poder de um pensar
os seus sentidos pode mudar.

25 de maio de 1997.

5

Certa vez fui à montanha
onde vi uma águia voar.
Era belo, muito belo,
como a mente ao despertar.
Mas à mente que é desperta,
não se pode comparar.

Pois a águia é livre,
mas só é livre para voar.
E uma mente desperta
para todos os fenômenos detalhar.

Na montanha vi o céu
que é grande de espantar.
Mas não é tão espaçoso
como a mente ao despertar.

Certa vez fui à montanha,
e comecei a procurar
algo belo como a mente
que conseguiu despertar.

Procurei e revirei
todo o mundo de tocar.
Procurei e revirei
todo o mundo de pensar.

E cheguei à conclusão
que é impossível encontrar
algo belo como a mente
que conseguiu se liberar.

20 de maio de 1997.

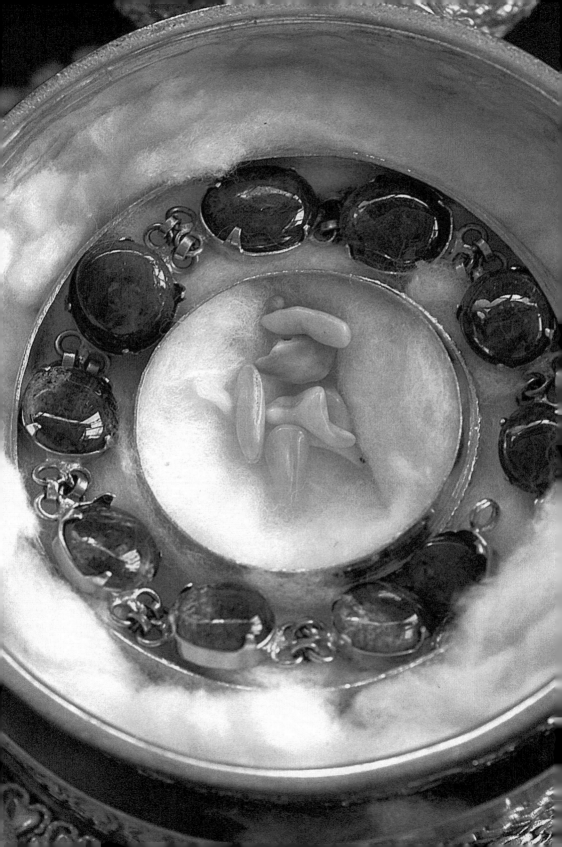

6

Este mundo de tocar é como o mundo de pensar,
onde não existe nada em que seja impossível chegar.
Pois tudo o que existe é feito pensar.
Para um ser nada existirá, se em seu pensar não entrar.

É impossível tocar o sol, mas toco em seus raios,
que a mim vêm saudar.

Tocar estrelas é impossível, mas são cadentes
e, um dia, ao meu alcance, vão chegar.

Sobre a lua nem vou falar, pois o homem já fez lá
os seus pés tocar.

Se a mente pudermos controlar,
não tem nada nesse mundo que não se possa tocar
Ou algum lugar que não se possa chegar.

Pois, quem a mente controlar,
poderá voar, ficar sem comer,
ou a morte afastar.

Mas estas coisas são fáceis,
neste mundo de tocar.
O que quero ver é o mundo de pensar.
No qual vencer é uma batalha a lutar
com o próprio eu
e a própria mente disputar.

Aquele que consegue esta grande luta ganhar,
consegue, sem dúvida, paz interna conquistar.
No grande amor chegar.

Isso sim que é difícil:
a própria mente domar.

Poder voar ou a morte afastar.
Mas isso é fácil, comparado
com a própria mente ganhar.
E na verdadeira natureza chegar.

28 de maio de 1997.

7

Uma coisa ouvi dizer,
e por isso tento assim ser.

Ser eu mesmo e apenas
eu mesmo ser.

Sem precisar me comparar,
com alguém, me igualar.

Não tente alguém copiar,
que todos vão reparar.

Tu não serás tu,
e sim um imitar.

Seja sincero consigo próprio.
Não tente de si mesmo se esconder,
e um ópio de si mesmo ser.

30 de maio de 1997.

8

Guerras vão sempre existir
e para sempre destruir
o que de belo existir,
até o homem conseguir
a paz interna construir.

A paz no ser vai existir
quando a mente conseguir
dos seus defeitos sair.

Amor sem paz é como rir.
Felicidade que vai ir.
Pois quando parece existir...
o sofrimento já vai vir,
com força logo destruir.
O que não vale tem que ir.

Se paz interna conseguir,
o sofrimento não vai vir,
e guerras não vão existir.
O belo vai se construir
sem precisar o intuir.

Paz, o belo faz surgir.

23 de maio de 1997.

9

O homem sempre viveu em grupo,
e assim sempre viverá.
Entre guerras e amores, tentando se aniquilar.
Pois todos querem, sem perdão, ao "poder" chegar.

Quem este poder consegue alcançar,
logo vai ver que o sofrer irá continuar.
E, se não se cuidar, a mente vai piorar.

E apenas a ilusão,
a escuridão da ignorância,
e seu ego,
vão aumentar.

E assim do homem,
seu caráter estragar.
Se tornando para todos,
uma pessoa a evitar.

Mas, se chegar ao poder e a todos ajudar,
não se tem dúvida:
para todos, as coisas vão melhorar.

Mas o verdadeiro poder
é onde se consegue alcançar
uma mente tão pura,
onde o sofrer não pode entrar.

Pois a mente que é pura
para sempre vai brilhar.
Com uma felicidade
que nunca vai acabar.

23 de maio de 1997.

10

Vou chorar,
eu vou chorar.
Neste mundo,
eu vou chorar.

Mas para sempre vou lutar
pela razão do meu chorar.

Olho pra frente,
olho pra trás.

E não consigo encontrar
nem mesmo um ser
no qual eu possa confiar.

A honestidade é para os Santos
em quem se pode confiar.

Pois só os Santos
a honestidade para sempre irão vivenciar.
Estes são aqueles
que no samsara sabem nadar.

É como um oceano,
no qual existe
milhões de seres a se afogar.

Assim, a se torturar,
pensando que a mentira
é a melhor forma de melhorar.

Nesse oceano,
são muito poucos
aqueles que sabem nadar.
E a mentira aniquilar.

Olho pra frente,
olho pra trás.

Apenas posso encontrar
seres estúpidos a se afogar.
Na mente débil
que na mentira quer continuar.

Olho pra frente,
olho pra trás.

E vejo sempre o trabalhar
dos seres Santos,
tentando ensinar
abutres a nadar.

Vou chorar,
eu vou chorar.
Por este mar,
eu vou chorar.

Vou lutar,
eu vou lutar.
Por este mar,
eu vou lutar.

Vou chorar,
eu vou lutar...

23 de junho de 1997.

11

Neste mundo rebelde,
leis não vão entrar.
Pois, sem tempo nem espaço,
alguém as irá quebrar.
Sem dúvida nenhuma,
ninguém as irá respeitar.

Mas, neste mundo rebelde,
uma lei vai perpetuar,
a qual nem mesmo um ser
tem como quebrar.
Pois nada existe
sem por esta lei passar.

Esta lei vou lhes contar,
mas é difícil acreditar.
Nada existe por si só,
e tudo vai sempre mudar.

Sendo que a lei da inerência
dos fenômenos vai continuar.
Toda ação que for feita,
em algo vai dar.

Não importa o passado,
nem o futuro a pensar.
Faça um bom presente,
que tudo vai melhorar.

O que agora é presente,
passado irá virar.
O passado e o presente
no futuro irão se transformar.

Se você quiser saber no que o futuro vai dar,
olhe bem por onde,
no passado e no presente,
sua mente andar.

Pois desta lei da natureza
nem um fenômeno
tem como escapar.
Tudo existe por uma causa
e num efeito vai dar.

24 de maio de 1997.

12

Tudo que sobe,
pode cair.
Mas o que cai,
pode subir.
Assim o mundo
vai se construir.

Hoje sou feliz,
amanhã, quem me diz?
Hoje vivo,
amanhã, quem me diz?

Neste mundo tão estranho,
não posso ter certeza de ser.
O que hoje é tão sólido,
pode já se derreter.
E o que parece ser eterno,
logo desaparecer.

A não ser a própria mente,
para sempre vai ser.

24 de junho de 1997.

13

O chover
é como um ser.

Que para sempre
vai ser
o chover.

E nunca vai deixar
de ser
o chover.

Sempre vai começar
e sempre vai acabar.

Nunca vai deixar
de ser
o chover.

Um ser vai nascer,
e, é claro, vai morrer.
Assim vindo a renascer.

Mas nunca vai deixar
de ser
um ser.

Se disser
que cada chover
é um novo chover,
e a cada vida
é um novo ser,
não se esqueça de algo
que vai acontecer.

O chover é água
e água vai sempre ser.

As águas da terra
vêm e vão
chover.
Sendo sempre
a água de outro chover.

Um ser é um ser
e vai renascer,
como o chover.

Da mesma água
vai sempre ser
um ser.

6 de junho de 1997.

14

Esta vida é tão estranha,
que é difícil de encontrar
o que é verdadeiro, o que é falso,
com esta mente de errar.
A qual não sabe
nem mesmo se encontrar.

Primeiro saiba quem tu és,
depois, tente encontrar
este eu que todos pensam
saber onde está.

Quem sou eu, o que sou eu,
onde o posso encontrar?
É meu corpo, ou a mente,
o que posso encontrar?

Este eu que penso ser,
só existe em meu pensar.
Pois, se o procurar,
não tenho onde o encontrar.

Este eu, que não sou eu,
e não posso encontrar.
Desta forma, não podendo,
com ele me defrontar.

13 de junho de 1997.

15

O papagaio fala muito,
mas não sabe o seu dizer.
É como a boca do povo,
que desdenha a se esconder.
Ouça conselhos vindos de Sábios,
e fofocas tente esquecer.

Não se espante se ouvir falar,
o que não fez se entender.
Pela boca do povo a desdenhar,
o que não fez se faz crer.
O importante é acreditar,
de si mesmo consciente ser.

Não tema as bobagens,
que para sempre vão dizer.
Pois Buddha, que é Buddha,
até dele foi se dizer.
Não se espante se a boca fizer,
a formiguinha um elefante ser.

29 de maio de 1997.

16

Certa vez ouvi uma coisa,
mas não quis acreditar.
Tudo acaba, tudo morre
e pra sempre vai mudar.

Disso precisamos
sempre nos lembrar,
pois a mente é estranha,
e sofre ao acabar.

Devemos sempre
nos lembrar,
que a única permanência,
é que tudo vai mudar.

19 de maio de 1997.

17

Não sei se a vida
vai pra frente
ou pra trás.

Cada dia que passa,
diminui o meu tempo.
Cada dia que passa,
vou me estendendo.

Estendo e diminuo,
mas o diminuir vai acabar
no dia que a morte chegar.

Só que o estender é eterno
e não tem fim para chegar.
A cada dia diminuo,
mas pra sempre vou crescer.

A vida é curta pra vencer.
Mas a mente,
na eternidade,
só pode se estender.

19 de maio de 1997.

18

Uma coisa aprendi
e tento praticar:
minha mente ajudando
a feliz ficar.

Não importa o que ocorra,
tento sempre aceitar.
Desta forma, o sofrer,
minha mente não vai criar.

Uma coisa que faz mal
é o passado lamentar.
O que passou já foi,
não tem por que se lembrar.
A não ser que isto ajude
sua mente a melhorar.
Deixando-o feliz,
pelo que fez passar.

Aceitando o que acontece,
a vida vai melhorar.
Mas não é por isso
que se deve ficar sem falar.
Pois, para sempre nós devemos,
por nossos direitos lutar.

Não adianta fazer nada
e apenas reclamar.
Aceite o que acontece,
depois tente melhorar.

Nessa vida vou sofrer,
se isso não aceitar.
Do sofrer eu vou sofrer,
e assim continuar.

Se sabemos que para sempre
no sofrer vamos passar,
não tem por que o espanto,
quando esse sofrer chegar.

Mas a mente sabe
que a dor vai encontrar.
Não tem por que sofrer
quando ela chegar.

Tenha uma mente desperta,
e nunca terá por que chorar.

Pois a mente de um sábio,
no sofrer não vai entrar.

26 de maio de 1997.

19

Tu és bela como o sol,
as estrelas e o luar.

Onde quer que estejas,
a tudo encanta tua beleza.

Esta beleza que encanta
é, na verdade, tua pureza.

Tu és bela como o sol,
as estrelas e o luar.

Para a qual não há palavras,
nem como expressar.
Mas o mundo é impermanente,
e tudo vai mudar.

Tu és bela como o sol,
as estrelas e o luar.

Já que o mundo vai mudar,
um dia vai acabar.
Mas, a tua beleza,
para sempre vai continuar.

Tu és bela como o sol,
as estrelas e o luar.

O que existe de verdade
nunca pode acabar.
A vida é como um sopro,
que vai sempre terminar.

Tu és bela como o sol,
as estrelas e o luar.
Mas tua beleza é eterna,
para sempre vai ficar.
Pois a vida passa logo,
mas tu vais continuar.

Tu és bela como o sol,
as estrelas e o luar.
Te amo para sempre,
para sempre vou amar.

O meu coração... de ti
nunca vai se separar.

Tu és bela como o sol,
as estrelas e o luar.

18 de maio de 1997.

20

Não adianta ler mil livros
e deles nada retirar.
Ou aprender Filosofia
e dela nada praticar.

Ouça bem estes conselhos,
que a você eu vou contar.
Mesmo que aprenda poucas coisas,
consiga estas praticar.

Pois a teoria
sem a prática
é como não fazer
e apenas falar.

Com a teoria entendida,
precisa-se praticar.
Pois é na prática
que os ensinamentos
na mente vão entrar
e lá continuar,
até o tempo acabar...

25 de maio de 1997.

21

É algo belo, muito belo,
o que vai acontecer.

Uma amizade tão verdadeira
que novamente vai se rever.

Uma amizade tão verdadeira,
não tem necessidade de se ver.

Uma amizade tão verdadeira,
no coração vai se reter.

Uma amizade tão verdadeira,
no coração vai se estender.

Uma amizade tão verdadeira,
saudade nunca vai ter.

Uma amizade tão verdadeira,
apego não vai ter.

Uma amizade tão verdadeira,
nunca vai fazer sofrer.

Uma amizade tão verdadeira,
não tem um "porquê" de ser.

Uma amizade tão verdadeira,
que para sempre vai saber.

Uma amizade tão verdadeira,
com verdadeiro amor viver.

8 de junho de 1997.

Lama Michel Rinpoche
Cronologia

Nasceu em São Paulo, em julho de 1981.
Estudou nas escolas Pirâmide e Caravela, em São Paulo.

1987 – Conhece o Venerável Lama Gangchen Rinpoche, por ocasião de sua primeira visita ao Brasil, organizada por seus pais. Devido à sua grande conexão, toma refúgio[1] com Lama Gangchen, recebendo o nome de Jangchub Chöpel, *Aquele que Propaga o Dharma da Iluminação*.

1988 – Seu interesse pelas atividades budistas manifesta-se durante a segunda visita de Lama Gangchen ao Brasil. No final deste mesmo ano, seus pais, a pedido de Lama Gangchen, fundam o Centro de Dharma da Paz Shi De Choe Tsog.

1989 – É reconhecido, por meio de um teste,[2] como um *Tulku* (reencarnação de um mestre tibetano), por ocasião da visita de Lama Zopa Rinpoche na inauguração da sede do Centro de Dharma da Paz.

1990 – Acompanhado de sua família e de um grupo de amigos, viaja, durante 2 meses, com Lama Gangchen Rinpoche numa peregrinação aos lugares sagrados da Índia.

---

1 Refúgio: tradicional cerimônia na qual o participante toma o compromisso de seguir os preceitos budistas, tornando-se assim discípulo do mestre que a profere.

2 Com a intenção de conferir a suspeita de Lama Michel ser a reencarnação de um mestre do Budismo Tibetano, Lama Zopa apresentou vários malas (rosários) para Lama Michel, pedindo-lhe que escolhesse um. Ao escolher o mala correto, sua reencarnação foi confirmada.

Ao visitar as cavernas sagradas de Ajanta e Ellora,[3] obtém, espontaneamente, uma experiência de alteração de consciência, na qual tem visões de vidas passadas.

Visita pela primeira vez o Monastério de Sera Me. Ao encontrar-se com grandes mestres como Dakpo Rinpoche, Khen Rinpoche Kachen Losang Zopa, Khensur Ngawang Thekchog Rinpoche, sua reencarnação é novamente confirmada. Lama Gangchen, então, em caráter privado, informa a Lama Michel e aos seus pais o fato de ele ser um *Tulku*.

1991 — Dona Filhinha[4] revela publicamente, durante um encontro com Lama Gangchen e seus discípulos no Centro de Dharma da Paz, sua visão sobre as qualidades elevadas de Lama Michel, o fato de ter tido muitas vidas passadas no Tibete e sobre o seu futuro como um importante mestre espiritual.

No mesmo ano, viaja, pela primeira vez, com Lama Gangchen ao Tibete. Encontra, em Lhasa, um de seus futuros mestres, Gueshe Yeshe Wangchug, que também o reconhece como um *Tulku*.

1992 — Em São Paulo tem pela primeira vez um encontro privado com Sua Santidade o Dalai Lama.

1993 — Por ocasião de um retiro espiritual na Stupa Sagrada de Borobudur, na Indonésia, Lama Gangchen o recebe como Lama e realiza uma cerimônia simbólica de reconhecimento.

1994 — Por vontade própria decide tornar-se monge. Em Kathmandu, no mês de fevereiro, toma os votos monásticos com o Venerável

---

3 Localizadas perto da cidade de Aurangabad, no centro-sul da Índia, as famosas cavernas de Ajanta e Ellora são templos e altares escavados na rocha à mão. Foram importantes centros de comunidades budistas no período de 200 a.C. a 650 d.C.

4 Vidente médica, conhecida no Brasil por seu poder de cura.

Kyabje Dragom Rinpoche, recebendo o nome de Lobsang Nyentrag Jangchub Chöphel Gangchen Michel Tulku Rinpoche. Acompanhado de seu pai, passa a viver na Universidade Monástica de Sera Me, no sul da Índia, iniciando sua educação e formação religiosa no Budismo Tibetano.

Em maio deste mesmo ano, Lama Gangchen Rinpoche, por meio de uma carta (anexo), descreve algumas de suas vidas anteriores. No dia 12 de julho é entronado em três monastérios: Sera Me, Tashi Lhunpo e Kailashpura, no sul da Índia. Na ocasião, estavam presentes Lama Gangchen, seus pais e sua irmã, amigos e representantes da LGWPF. No Monastério de Sera Me seus principais mestres foram Ken Rinpoche Khachen Losang Zopa (abade de Tashi Lhunpo), Gueshe Thubten Rinchen, Guen Lakpala, Gueshe Trinle Topguial (abade do Colégio Tântrico de Guiumed), Geshe Tubten Lekmon e Gueshe Ngawang Kelsang.

Em agosto, viaja para o Tibete com Lama Gangchen e um grupo de mais 100 ocidentais, acompanhados pelo cineasta italiano Marco Columbro, que realiza um documentário sobre essa viagem. Recebe ensinamentos de Gueshe Yeshe Wangchug, que o reconhece também, oficialmente, como um *Tulku*.

Em outubro participa dos ensinamentos de Sua Santidade o Dalai Lama sobre o *Caminho do Meio* de Chandrakirti, em Sera Me.

Em dezembro, volta para o Ocidente primeira vez como monge e Lama, e profere seus primeiros ensinamentos públicos no Centro Kunphen Lama Gangchen, em Milão.

1995 — Em janeiro, volta ao Brasil onde realiza uma série de palestras, com perguntas e respostas, que seriam editadas no ano seguinte no seu livro *Uma jovem ideia de paz*. Tornou-se um forte alvo de interesse da mídia brasileira, tendo realizado várias entrevistas para jornais, revistas, rádio e tevê. De volta à Itália, recebe do grande mestre Gueshe Yeshe Wangchug

ensinamentos de Lam Rim e diversas iniciações do Alto Yoga Tantra, como Yamantaka e Vajrayoguini.

Em março participa do 33rd *World Congress of Complementary Medicine*, em Nova Delhi, na Índia. Encontra Madre Teresa de Calcutá e Sua Santidade o Dalai Lama, além de participar de vários congressos em companhia do Lama Gangchen.

Em novembro, recebe os ensinamentos de Lama Gangchen Rinpoche na cerimônia anual do Buddha da Medicina, em Kuala Lumpur, Malásia. Em seguida, participa como palestrante no *Congresso Internacional Anual de Medicina Alternativa* em Colombo, Sri Lanka, na presença de mais de 1.500 pessoas.

Em dezembro, recebe ensinamentos e iniciações de Lama Gangchen Rinpoche e Gueshe Yeshe Wangchug durante o retiro anual em Borobodur, Indonésia.

1996 – Lança seu primeiro livro, *Uma jovem ideia de paz* (Editora Saraswati Multimídia) na Livraria Spiro, em São Paulo, com a participação de mais de 500 pessoas.

Profere várias entrevistas para a mídia brasileira, com destaque no programa Opinião Nacional – TV Cultura, na Revista *IstoÉ* e nos principais jornais de São Paulo. Volta para o Monastério de Sera Me. Em maio deste ano, seu pai retorna ao Brasil.

Participa do retiro anual de Borobudur organizado por Lama Gangchen.

1997 – Viaja por vários países da Europa, América do Sul e Ásia, com Lama Gangchen Rinpoche, onde recebe e dá ensinamentos. Entre outras atividades se destacam: discurso de abertura do *Congresso Holístico da Unipaz* em Águas de Lindoia, SP; encontro privado com o presidente da Venezuela, por ocasião da apresentação do *Fórum Espiritual das Nações Unidas pela Paz Mundial*; discurso no Cepal/Eclac – Sede Geral das

Nações Unidas para a América Latina, em Santiago, Chile.

Viaja para o Tibete com Lama Gangchen com a responsabilidade de guiar o grupo de ocidentais, dando explicações sobre os lugares sagrados visitados e realizando cerimônias e meditações.

Participa do retiro anual de Borobudur organizado por Lama Gangchen.

1998 — Por um mês e meio faz um retiro individual em Kathmandu, Nepal. Em seguida, durante mais de um mês, recebe de Lama Kyabje Dragom Rinpoche ensinamentos sobre o comentário do Guru Puja e do Tantra de Guhyasamadja.

Participa do retiro anual de Borobudur organizado por Lama Gangchen.

1999 — Em Israel, participa do *Encontro Inter-Religioso Jubillennium* nas margens do Lago Tibérias (Mar da Galileia) e tem audiência particular com Sua Santidade o Dalai Lama.

Viaja para o Tibete com Lama Gangchen, com a responsabilidade de guiar o grupo de ocidentais, dando explicações sobre os lugares sagrados visitados e realizando cerimônias e meditações.

Participa do retiro anual de Borobudur organizado por Lama Gangchen.

2000 — Recebe os votos de *guetsul* com Dagpo Rinpoche, tornando-se um monge graduado.

Por ocasião da cerimônia anual da Lua Cheia de fevereiro, na Tailândia, participa do *Fórum Budista Internacional*, organizado pela Dhammakaya Foundation, com a presença de mais de 300 mil pessoas.

Viaja para o Tibete com Lama Gangchen, com a responsabilidade de guiar o grupo de ocidentais, dando explicações sobre os lugares sagrados visitados e realizando cerimônias

e meditações. Participa da inauguração da reconstrução do Monastério de Gangchen, no Tibete.

Participa do retiro anual de Borobudur organizado por Lama Gangchen.

2001 – No Monastério de Sera Me, obtém o segundo lugar no exame anual de debate dialético.

Viaja para o Tibete com Lama Gangchen, com a responsabilidade de guiar o grupo de ocidentais, dando explicações sobre os lugares sagrados visitados e realizando cerimônias e meditações. Participa da inauguração de um aqueduto de 4 km, que provê água potável para vários vilarejos situados nas cercanias do Monastério de Gangchen.

No Monastério de Tashi Lhunpo, participa com os monges de um debate dialético. Esta foi a primeira vez que um ocidental realizou um debate no Tibete.

2002 – Dedica-se aos seus estudos no Monastério de Sera Me.

Viaja para o Tibete com Lama Gangchen, com a responsabilidade de guiar o grupo de ocidentais, dando explicações sobre os lugares sagrados visitados e realizando cerimônias e meditações.

2003 – Participa dos eventos de exibição das Sagradas Relíquias de Buddha na Suíça, Itália, Áustria, Chile, China, Mongólia, Kenya e Tanzânia. No Brasil, ajuda na organização da exposição, com a presença de 33 templos budistas, representantes de diversas religiões, embaixadores e cônsules dos países budistas no mundo, tendo como convidado especial o Governador Geraldo Alckmin.

Participa por quatro anos consecutivos como organizador e palestrante no *Congresso Anual da Lama Gangchen World Peace Foundation*, em Verbania, Itália, e em Madri, Espanha.

2004 – Após 11 anos de estudos, práticas, retiros e ensinamentos com grandes mestres no Monastério de Sera Me, passa a viver na Itália com Lama Gangchen Rinpoche, recebendo responsabilidades espirituais, administrativas e organizativas dentro de suas organizações no mundo.

Viaja para o Tibete com Lama Gangchen, com a responsabilidade de guiar o grupo de ocidentais, dando explicações sobre os lugares sagrados visitados e realizando cerimônias e meditações.

2005 – Participa como palestrante principal no *Congresso Anual de Educação a Paz*, em Siracusa, na Itália.

Viaja para o Tibete com Lama Gangchen, com a responsabilidade de guiar o grupo de ocidentais, dando explicações sobre os lugares sagrados visitados e realizando cerimônias e meditações.

2006 – Retorna ao Tibete para ter aulas particulares com o abade do Monastério de Tashi Lhunpo, Lama Khachen Losang Puntsog Rinpoche, sobre três importantes textos do IV Panchen Lama, Panchen Losang Chokyi Guialtsen, sobre a correta visão da realidade. É o primeiro ocidental a estudar neste monastério.

Viaja com Lama Gangchen com a responsabilidade de guiar o grupo de ocidentais, dando explicações sobre os lugares sagrados visitados e realizando cerimônias e meditações.

Participa do *Congresso de Psiquiatria Complementar*, em Roterdam, Holanda.

Participa, em Nova York, da cerimônia oficial de entrega das Relíquias de Buddha na ONU de forma definitiva junto com os representantes dos países-membros.

Viagens e atividades no Brasil

1995

janeiro a março
Ensinamentos no Centro de Dharma da Paz, em São Paulo.

1996

fevereiro
Lançamento do livro *Uma jovem ideia de paz*, na Livraria Spiro, em São Paulo.

1997

fevereiro
Em São Paulo, confere ensinamentos no Centro de Dharma da Paz e encontra-se com crianças da Febem.

setembro
Coordena o Retiro de Buddha Shakyamuni, no Hotel Ponto de Luz, em Joanópolis.

novembro
Participa com Bel Cesar do Retiro *Preparando-se para nascer, viver e morrer em paz*, em Campos do Jordão.

dezembro
Participa com Lama Gangchen do Retiro *Sem-So: fazendo as pazes com a aura*, na Fazenda Maristela, em Tremembé.

1999

outubro
Lançamento do livro de Lama Gangchen *Fazendo as pazes com o meio ambiente*, na Livraria Spiro, em São Paulo, e ensinamentos sobre *Reflexões sobre o novo milênio*, no Centro de Dharma da Paz, em São Paulo.

novembro
Realiza um Puja de Purificação e o Retiro *Conhecendo o caminho para viver melhor*, na Chácara Florida, em Cotia. Participa da *Celebração Inter-Religiosa de Ação de Graças pela Vida*, na Igreja N. Sra. da Consolação, e da inauguração do Shopping Anália Franco, em São Paulo. Visita o Centro de Dharma Pax Drala e confere bênçãos para a cidade no Bonde de Santa Teresa, no Rio de Janeiro.

2000

fevereiro
Realiza atividades no Centro de Dharma Porta Secreta da Paz: ensinamento de cura tântrica do meio ambiente e ensinamentos *Método para curar as energias sutis do corpo e da mente*, no Hotel Glória, no Rio de Janeiro.

junho/julho
Atividades no Centro de Dharma da Paz – Celebração do aniversário de Lama Michel com a cerimônia de longa vida com os monges de Ganden Shartse, ensinamentos *Os votos de Bodhisattva*, cerimônia dos oito preceitos Mahayana, cerimônia de cura, purificação e proteção de Tara Chittamani, cerimônia do Guru Puja, inauguração das Rodas de Oração.

2002

janeiro/fevereiro
Atividades no Centro de Dharma da Paz – Cerimônia de cura, purificação e proteção de Tara Chittamani, cerimônia dos oito preceitos Mahayana, lançamento do livro de Lama Gangchen *Autocura Tântrica II* na Livraria Fnac, em São Paulo; Ciclo de palestras: *O significado da paciência e do esforço na vida espiritual, O significado da generosidade e da sabedoria na vida espiritual, O significado da concentração e da moralidade na vida espiritual*, cerimônia do Guru Puja, Retiro *Como realizar o caminho completo de relaxamento e renovação através da autocura tântrica*, no Convento Maria Imaculada, em Embu.
Visita as crianças da Instituição São Martinho.

2003

fevereiro
Realiza a cerimônia de oferenda às estátuas dos Cinco Dhyani Buddhas, no Sítio Vida de Clara Luz, em Itapevi.
Atividades no Centro de Dharma da Paz – Cerimônia do Guru Puja, ensinamentos *O Budismo como um método de autoconhecimento*, Puja de cura, purificação e proteção de Tara Chittamani, Retiro *Os três princípios do caminho*, no Hotel Del Verde, em Itapecerica da Serra.

junho
Ensinamentos no Centro de Dharma da Paz; participa do evento de exibição das sagradas relíquias de Buddha Shakyamuni no Sesc Pompeia, em São Paulo.
Participa com Lama Gangchen do Retiro *Iniciação e ensinamentos de Yamantaka NgalSo*, no Hotel Vitória, em Indaiatuba.

Participa como orador no evento *Fé no Voluntariado*, no Estádio do Pacaembu, em São Paulo.

outubro
Participa com Lama Gangchen do Retiro *As três transformações: morte, bardo e renascimento – Iniciação de Buddha Amitabha e Powa*, em Itapecerica da Serra.

2004

junho
Atividades no Centro de Dharma da Paz – Inauguração da nova sede, ensinamentos *A importância da prática espiritual no aspecto pessoal e na relação com a comunidade*, cerimônia de cura, purificação e proteção de Tara Chittamani, ensinamentos *A importância do estabelecimento da motivação e da dedicação dos méritos*, Retiro *As duas verdades, relativa e absoluta e a geração da Bodhichitta*, no Espaço Chan Tao, na Serra do Japi.
Entrevistado no *São Paulo Fashion Week* na Bienal de São Paulo.
Puja de Fogo de Vajradaka, bênçãos e oferenda de flores junto às estátuas dos Cinco Dhyani Buddhas no Sítio Vida de Clara Luz, em Itapevi.

2005

junho/julho
Atividades no Centro de Dharma da Paz – Palestra *O desenvolvimento da cultura de paz no terceiro milênio* no Teatro do Esporte no Clube Pinheiros, transmissão da prática de Tara Verde, cerimônia de cura, purificação e proteção de Tara Chittamani, cerimônia do Guru Puja e celebração do aniversário de Lama Michel Rinpoche, ensinamentos *O Lam Rim segundo o Guru Puja*.

2006

maio/junho

Atividades no Centro de Dharma da Paz – Curso de filosofia budista em seis aulas *Drupa Tha: um modo para conhecer melhor a si próprio e o mundo no qual vivemos*.

Palestra *Como cultivar e manter o equilíbrio interior e a alegria na vida diária* no MAM – Museu de Arte Moderna, em São Paulo.

Retiro *Drebu Lamkier – A prática do Tantra Budista e a transformação positiva da vida cotidiana*, no Hotel Village Eldorado, em Atibaia.

Cerimônia de cura, purificação e proteção de Tara Chittamani.

Ensinamentos *Lidando positivamente com as adversidades do dia a dia*, no Centro de Dharma Mandala de Guhyasamaja, em Santos.

Ensinamentos *O acúmulo de méritos, como criar energia positiva através das atividades cotidianas e da prática espiritual*, no Centro Tardo Ling, em São Paulo.

Cerimônia de cura, purificação e proteção de Tara Chittamani, no Centro de Dharma Jampa Ling, em Campos do Jordão.

Inauguração do Gompa do Sítio Vida de Clara Luz, em Itapevi.

Palestra *Coragem para seguir em frente*, na Sede Vida de Clara Luz, em São Paulo.

Atividades no Centro de Dharma Porta Secreta de Paz e Chokyi Guialtsen, Rio de Janeiro – Cerimônia de cura, purificação e proteção de Tara Chittamani, ensinamentos *A visão budista sobre a natureza da realidade na qual vivemos*.

Ensinamentos *Impermanência, como lidar positivamente com as perdas e frustrações*, no Centro de Dharma Kuru Jamtse Sa, em Búzios.

Ensinamentos *As práticas de meditação segundo os Sutras e Tantras do Budismo Tibetano*, no Centro de Yoga NgalSo, em Búzios.

Carta de Lama Gangchen Rinpoche

Milão, 20 de maio de 1994.

Ao meu querido amigo Lama Michel Rinpoche, aos seus preciosos pais Daniel e Bel e também à sua irmã, minha querida amiga Fernanda, Tashi Delek!

Eu hoje gostaria de compartilhar com vocês um pouco mais de informações sobre as reencarnações precedentes, tanto minhas quanto do Michel, e a nossa relação espiritual que se estende há muitos séculos e muitas gerações. Até agora, não havia feito nenhuma declaração clara sobre estas coisas, mas este é o momento certo.

Como vocês sabem, muitos Lamas, grandes e pequenos, inclusive eu, muitos oráculos e também Dona Filhinha repararam e ressaltaram as qualidades especiais e a energia do Michel. Há alguns anos venho pesquisando sua história por meio de oráculos e análises de Michel em meus estados de meditação profunda. Ao longo dos anos, surgiram-me repetidamente inúmeros sinais auspiciosos, mensagens especiais, visões e sonhos relativos ao Michel. Muitos sinais incríveis, quase além das palavras. Mais tarde, no seu devido tempo, eu os revelarei na minha biografia completa.

No nível relativo, também houve muitas ocorrências auspiciosas, como a fundação e o desenvolvimento do Centro de Dharma Shi De Choe Tsog e também as nossas viagens a todos os lugares sagrados da Índia, do Nepal, do Tibete e da Indonésia, quando Michel era ainda muito jovem. Estou certo de que vocês todos se recordam muito bem de que Michel começou a relembrar-se das suas vidas passadas quando viajamos para Ajanta e Ellora, Bodhgaya, Lumbini, Varanasi, os monastérios no sul da Índia, como Ganden, Drepung, Sera e Tashi Lhumpo, Kushinegar, e muitos outros lugares sagrados, especialmente o Monastério de Gangchen Tchöpel no Tibete. Durante estas viagens, o seu caráter e disposição prévios começaram a se manifestar. Ocorreram muitos sinais auspiciosos relacionados com o Michel, os quais reconheci; talvez vocês também viram algumas ou todas estas coisas, talvez não, mas, de qualquer maneira, vocês estavam presentes. Em todas estas viagens, eu estava examinando Michel, observando seu comportamento e suas ações, assim como os sinais ao seu redor que depois verifiquei repetidamente, quando estava em meditação profunda.

Agora posso dizer, sem qualquer sombra de dúvida, que Michel é a reencarnação de Guelong Wanguie-la, cujo nome próprio era Lobsang Tchöpel, o atendente da minha vida precedente Kachen Sapen-la. Ele tomou o aspecto de um ser comum, como o atendente de Kachen Sapen-la, mas, na verdade, é um Tulku ou uma reencarnação especial, cuja linhagem estende-se no passado por muitos séculos. Guelong Wanguie-la foi o Gangchen Guegu, meu atendente e um tipo de professor quando eu era um jovem menino no Monastério de Gangchen. Ele morreu quando eu tinha 13 anos.

Na época de Panchen Zangpo Tashi, e mais tarde, depois que Panchen Zangpo Tashi morreu, Michel foi Drudchok Guialwa Samdrup, que se tornou um dos quatro grandes Panchens de Gangchen Tchöpel Ling e um dos detentores do trono monástico. Drudchok Guialwa Samdrup, que viveu nos séculos XIV e XV, compôs um *sungbum*, ou obra reunida, de cinco ou seis volumes manuscritos sobre Filosofia, Tantra e muitos outros temas preciosos, como Astrologia e Medicina. Quando era menino, vi estes livros, mas lamento que eles tenham sido queimados pelos comunistas e que hoje tenham sobrado poucas provas documentais sobre Drubchok Guialwa Samdrup. No entanto, dentro do Vairdurya Serpo, uma história religiosa do Tibete, existem algumas referências a ele.

Antes disso, na Índia, na época do Mahasiddha Dharikhapa, Michel foi o ministro Brahman, que serviu ao Rei Indrapala. Depois de encontrar Luipa, tanto o rei como o ministro renunciaram à vida mundana, tornaram-se grandes praticantes e alcançaram grandes realizações.

A essência de todas essas visões, sonhos, histórias e previsões do oráculo e os sentimentos de muitos outros Lamas é de que Lama Michel Rinpoche e eu tivemos um grande relacionamento ao longo de muitas vidas.

Em minha opinião, Lama Michel Rinpoche realmente deve ser entronado no Monastério de Gangchen Tchöpel, mas, devido ao ambiente atual e à situação histórica, isto não é possível no presente, mas talvez possamos organizar no futuro. Por isso, decidi que ele deve ser entronado nos outros monastérios com os quais tem um relacionamento, os monastérios de Sera Me, Tashi Lhumpo e Tekchenling, que é de minha responsabilidade. Já solicitei a cada um destes três monastérios no sul da Índia para organizarem uma cerimônia de entronização para o Michel, a ser realizada no dia 12 de julho de 1994 – o quarto dia do sexto mês do calendário tibetano, o dia no qual o Senhor Buddha girou pela primeira vez a Roda do Dharma. Neste dia, comemora-se também o paranirvana de Panchen Zangpo Tashi e o dia no qual Drubchok Guialwa Samdrub foi entronado em Gangchen Tchöpel Ling. Naturalmente, as suas famílias estão convidadas para esta cerimônia, bem como os representantes de todos os centros da *Lama Gangchen World Peace Foundation* ao redor do mundo.

Esta cerimônia de entronização visa criar condições positivas para assegurar a longa vida do Michel num momento astrológico tão auspicioso. Por meio dela, ele será lembrado do compromisso que assumiu neste renascimento de beneficiar todos os seres. Na época da fundação do Centro de Dharma Shi De Choe Tsog, recebi muitas mensagens especiais e, no futuro, gostaria de dar toda a responsabilidade do Centro de Dharma Shi De Choe Tsog e do povo brasileiro ao Michel. Eu espero que no futuro ele continue a desenvolver e apoiar todos os meus projetos tanto no Oriente quanto no Ocidente.

Agora, Lama Michel, por favor, preste atenção ao meu conselho de coração. Em geral, todos nós somos reencarnações; mas, dentro do seu corpo, que é igual ao de todo mundo, você tem uma mente e uma energia de puro cristal. Apesar de você parecer um menino comum, por dentro você é um Tulku, uma reencarnação especial, ligada por sua promessa e compromisso de renascer para beneficiar os demais. Durante muitas vidas, você beneficiou os outros na Ásia. Agora, deve desenvolver gradualmente todas as condições necessárias para beneficiar os ocidentais. Eu sei muito bem que você tem um coração e uma mente puros, de modo que caso escolha continuar, ou não, como monge, quando você crescer, para mim não há problema. No entanto, agora, para desenvolver o seu potencial da maneira correta, você precisa de uma influência positiva e da boa informação da Tradição Budista Guelupa. Por isso, eu lhe aconselho a completar os programas de estudo dos monastérios de Sera Me e Tashi Lhunpo. Isto será de uma grande ajuda para você mais tarde na vida; por isso, por favor, siga o meu conselho.

Estou falando sobre estas coisas agora, porque já tive muitas conversas com os seus pais e seus avós. Todos eles estão juntos comigo em uma espécie de acordo sobre o seu futuro. Acredito que seja devido ao seu poder da verdade, da sua vibração positiva, já que sua família é cristã e judia e eu sou budista, de modo que normalmente não seria possível nos unirmos tão profundamente. No entanto, devido ao registro kármico das ações positivas de suas vidas precedentes ter ficado gravado no disquete de espaço interior do computador do seu coração, à medida que você cresceu, estes programas foram ativados e começaram a funcionar e, assim, sua família recebeu automaticamente a sua influência positiva no nível energético.

Apesar de você ter um longo nome tibetano, prefiro que você seja conhecido como Lama Michel Rinpoche, pois este é um nome muito auspicioso do ponto de vista do Dharma. *Mi* significa homem e *chel* significa cristal, de modo que o seu nome significa "O

Precioso (*Rinpoche*) Homem de Cristal (*Michel*), Aquele que Ilumina o Caminho para os Outros (*Lama*)". A sua família já escolheu o nome perfeito para você!

Lama Michel, no momento em que estava pensando sobre seu nome, Francesco chegou do Brasil com uma grande sacola cheia de belos cristais de quartzo. Eu peguei um para nós dois. Considero este fato um sinal especialmente auspicioso sobre a adequação do seu nome.

Por favor, Lama Michel, comunique-se aberta e profundamente comigo sobre quaisquer sonhos e visões que você tiver, quaisquer que sejam os seus sentimentos e emoções, e sobre suas relações com a sua família e amigos. Por favor, compartilhe estas coisas comigo de coração para coração. Tenho grandes esperanças para você no futuro, e se você estudar bem e respeitar os conselhos dos seus pais e professores, tenho certeza de que todas as causas e condições positivas de surgimento interdependente serão reunidas para que você realize o seu grande potencial.

Com muito amor e amizade,

T.Y.S. Lama Gangchen Tulku Rinpoche

Índice de Fotos/Créditos

Nº DE PÁGINAS	
16	Lama Gangchen Rinpoche, 2006.
18	Lama Michel Rinpoche e sua mãe, Bel Cesar.
22	Lama Michel Rinpoche no Monastério de Sera Me, Tibete, China, 2006.
24	Estrada de Lhasa para Shigatse, Tibete, China, 2006.
26	Lama Gangchen dando bênçãos, Chatrin, Tibete, China, 2006.
30	Monastério de Ganden, Stupa de Lama Tsongkhapa, Lhasa, Tibete, China, 2006.
32	Tirando a pedra que bloqueava o caminho da estrada de Shangrila para Chatrin, Tibete, China, 2006.
34	Montanha sagrada de Tchenrezig, Rigsum Gompoi Ri. Tibete, China, 2006.
38	Camponeses de um vilarejo no sudeste do Tibete, China, 2006.
40	Mão de Lama Michel com uma criança no Monastério de Gangchen, Tibete, China, 2006.
42	Criança indo receber a ajuda anual da associação humanitária *Lama Gangchen Help in Action*, Tibete, China, 2006.
46	Monges carregando uma *thanka* gigante (pintura sagrada) durante uma cerimônia anual no Monastério de Tashi Lhunpo, Shigatse, Tibete, China, 2006.
48	Monges na porta do Monastério de Nyemo Gyalche, entre Lhasa e Shigatse, Tibete, China, 2006.

52	Roda do Dharma, ícone que representa os ensinamentos de Buddha, Monastério de Ganden Sumtsen Ling, Shangrilá, Tibete, China, 2006.
54	Monge principiante carregando sua tábua usada para praticar caligrafia, Monastério de Tashi Lhunpo, Tibete, China, 2006.
56	Menina rezando, Tibete, China, 2006.
60	Rio onde se encontram as águas das montanhas sagradas de Manjushri, Vajrapani e Tchenrezig, Tibete, China, 2006.
64	Stupa (uma representação da mente iluminada) em reforma, Estrada de Chatrin para Shangrilá, Tibete, China, 2006.
68	Lama Gangchen Rinpoche, Tibete, China, 2006.
70	Monges e camponeses esperando pela chegada de Lama Gangchen para receber suas bênçãos, Monastério de Ratak, Tibete, China, 2006.
72	Tibete Central, China, 2006.
76	Alto-relevo do Bodhisattva Tchenrezig, Templo dos 500 Arhats, Pequim, China, 2006.
80	Planície do Tibete Central, China, 2006.
84	Jovem tibetana no campo de cevada, Gyantse, Tibete, China, 2006.
88	Estátua de um *Arhat* (mestre realizado), Templo dos 500 Arhats, Pequim, China, 2006.
92	Stupas no Monastério de Tashi Lhunpo, Shigatse, Tibete, China, 2006.
98	Lótus, Templo de Bei Hai, Pequim, China, 2006.
108	Lama Michel na Mandala de Borobodur, Indonésia, 1994.

110	Lama Michel no Jardim do Dechen Potrang, Palácio de Verão de Sua Santidade o X Panchen Lama, Shigatse, Tibete, China. 1987.
112	Lama Gangchen Rinpoche no Monastério de Gangchen, Tibete, China, 2006.
114	Lama Michel com um mês de vida, São Paulo, Brasil, 1981.
116	Lama Gangchen e Lama Michel durante a sua cerimônia de entronização no Monastério de Tashi Lhunpo, Bylakuppe, Índia, 1994.
118	Lama Michel, Vilarejo de Gangchen, Tibete, China, 2000.
120	Relíquias Sagradas de Buddha Shakyamuni, atualmente em exposição na sede da ONU em Nova York, EUA. São Paulo, São Paulo, 2005.
124	Lama Gangchen e Lama Michel, Monastério de Gangchen, Tibete, China, 1991.
126	Lama Michel no Sítio Vida de Clara Luz, Itapevi, São Paulo, 2006.
128	Lama Michel no Sítio Vida de Clara Luz, Itapevi, São Paulo, 2006.
130	Lama Michel no Sítio Vida de Clara Luz, Itapevi, São Paulo, 2005.
134	Madre Teresa e Lama Michel, Calcutá, Índia, 1995.
138	Lama Michel jogando bola com Jampa Jigme (seu futuro atendente) e outros monges no Monastério de Sera Me, Índia, 1990.
140	Lama Gangchen e Lama Michel na Mandala de Borobodur, Indonésia, 1993.

144	Lama Gangchen e Lama Michel, *Albagnano Healing Meditation Centre*, Lago Maggiore, Itália, 2003.
146	Lama Gangchen e Lama Michel, Centro de Dharma da Paz, São Paulo, São Paulo, 2005.
148	Lama Michel rezando no cemitério do Monastério de Gangchen, Tibete, Índia, 1997.
150	Lama Michel no bosque do *Albagnano Healing Meditation Centre*, Lago Maggiore, Itália, 2003.
152	Lama Gangchen no Centro de Dharma da Paz, São Paulo, São Paulo, 2005.
156	Estátua de Tara, Tibete, China, 1997.
160	Lama Michel em sua primeira visita ao Centro de Dharma da Paz, como um Lama, São Paulo, São Paulo, 1995.
162	Lama Michel em sua primeira visita ao Tibete com Lama Gangchen, Lhasa, Tibete, China, 1991.
166	Bel Cesar e Daniel Calmanowitz, pais de Lama Michel, com ele aos 3 meses de idade, São Paulo, São Paulo, 1981.
168	Dona Filhinha e Lama Gangchen, São Paulo, São Paulo, 1991.
170	Cerimônia de entronização no Monastério de Sera Me, Bylakuppe, Índia, 1994.
172	Gueshe Yeshe Wangchug, mestre de Lama Gangchen, e abade de vários monastérios no Tibete, com Lama Michel, aos 10 anos, Norbulinka, Palácio de Verão de Sua Santidade o Dalai Lama, Tibete, China, 1991.
174	Lama Michel no dia em que se tornou monge, com Kyabje Dragom Rinpoche, de quem recebeu seus votos monásticos, Samtenling Monastery, Kathmandu, Nepal, 1994.

176	Lama Gangchen e Lama Michel durante uma cerimônia budista na Dhammakaya Foundation, com mais de 300 mil pessoas, Bangkok, Tailândia, 2000.
178	Lama Michel com Mark Malloch Brown, Deputy Secretary-General do Koffi Annan Secretary-general da ONU, na sede da ONU, Nova York, EUA, 2006.
180	Lama Gangchen e Lama Michel durante conferência em Milão, Itália, 2004.
182	Lama Michel realizando uma cerimônia de purificação, Kathmandu, Nepal, 1987.
184	Sua Santidade Trijang Rinpoche e Lama Michel, Tashi Rabten, Áustria, 2001.
186	Lama Gangchen e Lama Michel, Tibete, China, 1991.
188	Lama Michel durante a gravação de uma cerimônia, Monastério de Gangchen, Tibete, China, 2004.
190	Lama Michel durante o *I Congresso Mundial da Lama Gangchen World Peace Foundation,* em Verbania, Itália, 2006.
192	Lama Gangchen e Lama Michel durante cerimônia de longa vida, Gangchen Drubkhang, Centro de Retiro de Gangchen, Tibete, China, 2006.
198	Lama Michel, Tibete, China, 2006.

Créditos fotográficos:

Tiziana Ciasullo 16, 22, 24, 26, 30, 34, 38, 40, 48, 52, 56, 60, 64, 68, 70, 72, 80, 84, 112, 176, 180, 182, 184, 188, 190, 192, 198.

Lama Michel 32, 42, 46, 54, 76, 88, 92, 98.

Bel Cesar 108, 110, 114, 116, 118, 120, 138, 140, 144, 146, 148, 150, 152, 156, 160, 168, 170.

Daniel Calmanowitz 174.

Arquivo Kunpen Lama Gangchen 134, 172.

Arquivo de família 166.

Cosy Back 178.

Fernanda Calmanowitz 126, 128, 130.

Francesco Prevosti 124, 162, 186.

Lama Michel Rinpoche nasceu em São Paulo em 1981. Aos 5 anos, conheceu seu mestre Lama Gangchen Rinpoche por ocasião de sua primeira visita ao Brasil, organizada por seus pais. Devido à sua evidente conexão com o Budismo, recebeu de Lama Gangchen o nome tibetano Jangchub Chöpel Lobsang Nyentrag, que significa *Mente Ilustre que Difunde o Dharma com Sucesso*.

Nos anos subsequentes, viajou por lugares sagrados no Tibete, Índia, Nepal e Indonésia. Durante este período, Lama Gangchen Rinpoche e outros renomados mestres o reconheceram como o detentor de uma linhagem de mestres tibetanos.

Aos 12 anos, por decisão própria, tornou-se monge e passou a viver no Monastério de Sera Me, no sul da Índia, uma universidade monástica dedicada aos estudos da Filosofia Budista Tibetana.

Em 2004, após 11 anos de retiros, práticas e estudos com grandes mestres no Monastério de Sera Me, passou a viver na Itália com Lama Gangchen Rinpoche, assumindo responsabilidades espirituais e administrativas na Lama Gangchen World Peace Foundation.

Lama Michel tem viajado com Lama Gangchen pelo mundo dando palestras, ensinamentos e orientando as atividades espirituais de inúmeros centros e grupos de estudos budistas no Brasil e na Europa, como o Centro de Dharma da Paz e o Vida de Clara Luz, em São Paulo.

Autor do livro *Uma jovem ideia de paz* (Editora Sarasvati Multimidia, São Paulo, 1996).

Contatos

Com o autor Lama Michel Rinpoche e com Lama Gangchen Rinpoche

Kunpen Lama Gangchen
Via Marco Polo, 13
20123 – Milano – Itália
Tel.: (00xx39) 02 29010263
kunpen@gangchen.it
https://kunpen.ngalso.net/

Albagnano Healing Meditation Centre
Via Campo dell'Eva, 1 – Albagnano di Bèe 28813 – Verbania – Itália
Tel.: (00xx39) 0323 569601
Fax: (00xx39) 0323 569921
reception@ngalso.net
https://ahmc.ngalso.net/

Centros e Grupos de Estudos Brasileiros sob a orientação espiritual de Lama Gangchen Rinpoche e Lama Michel Rinpoche

São Paulo – SP
Centro de Dharma da Paz Shi De Choe Tsog
Rua Apinagés, 1861 – Sumaré – São Paulo – SP – 01258-001
Telfax: (11) 3871-4827
info@centrodedharma.com.br
www.centrodedharma.com.br

Sede Vida de Clara Luz
Rua Aimberê, 2008 – Altura do metrô Vila Madalena
São Paulo – SP – 01258-020
Tel.: (11) 3872-6858 – das 14 às 20 horas.
vidadeclaraluz@ajato.com.br
www.somostodosum.com (Espiritualidade – Morte e Luz)
www.vidadeclaraluz.com.br

AACHAA – Associação de Artes Curativas Himalaia Amazonas Andes
Rua Juranda, 29A
Tel.: (11) 3034-1701

Centro Tardo Ling
Rua Dr. Nicolau de Sousa Queirós, 163 – Aclimação
São Paulo – SP – 04105-000
Tel.: (11) 3812-4801 – falar com Rute Cardoso
rute@rute.cardoso.nom.br
www.tardoling.org.br/

Campos do Jordão – SP
Centro de Dharma Djampa Ling Choe Tsog
Tel.: (12) 3664-6070 – falar com Cristina e Luis
luisfsilva@estadao.com.br

Santos – SP
Centro Budista Mandala de Guhyasamaja
Rua Dom Lara, 66
Tel.: (13) 99711-3378
contato@centrobudista.com.br
www.centrobudista.com.br/

Rio de Janeiro – RJ
Lama Gangchen – Espaço de Cura para a Paz Mundial
Rua Castanheira, 2 Sobrado
Tel.: (21) 3387-1858
www.espacopaz.org.br

Centro de Dharma Porta Secreta da Paz
Rua Odílio Bacelar, 30 – Urca
Tel.: (21) 3209-0871

Búzios – RJ
Centro de Dharma Kuru Jamtse As
Rua José Bento Ribeiro Dantas, 196, lote 3
Tels.: (22) 2623-8129 – (21) 8829-7377

Centro NgalSo de Yoga e Meditação
Rua José Santana Maia, 684 – Centro
Tel.: (22) 2623-1080

Petrópolis – RJ
Centro de Dharma Vida de Solução
Rua Joaquim Murtinho, 53 – Quissanã
Tel.: (24) 2561-0210 – (24) 2237-9727

Outras obras na área de Budismo publicadas pela Editora Gaia:

A essência do sutra do coração
  Sua Santidade o Dalai Lama

Aberto ao desejo – A verdade sobre o que Buddha ensinou
  Mark Epstein

Autocura tântrica I – Proposta de um mestre tibetano
  Lama Gangchen Rinpoche

NgelSo – Autocura tântrica II – Autocura tântrica do corpo e da mente, um método para transformarmos este mundo em Shambala
  Lama Gangchen Rinpoche

NgelSo – Autocura tântrica III – Guia para o supermercado dos bons pensamentos
  Lama Gangchen Rinpoche

Buddha e os negócios – Sair-se bem fazendo o bem
  Lloyd M. Field

Dzogchen – A essência do coração da Grande Perfeição
  Sua Santidade o Dalai Lama

Fuga da Terra das Neves – A fuga do jovem Dalai Lama para a liberdade
  Stephan Talty

Iluminação cotidiana – Como ser um guerreiro espiritual no dia a dia
  Venerável Yeshe Chödron

Introdução ao tantra – A transformação do desejo
  Lama Yeshe

Mania de sofrer – Reflexões inspiradas na Psicologia do Budismo Tibetano
  Bel Cesar

Meditação budista
  Venerável Samdhong Rinpoche

Mente em conforto e sossego – A visão da iluminação na Grande Perfeição
  Sua Santidade o Dalai Lama

Morte, estado intermediário e renascimento no Budismo Tibetano
  Lati Rinpoche e Jeffrey Hopkins

O caminho do meio – Fé baseada na razão
  Sua Santidade o Dalai Lama

O caminho para a iluminação
  Sua Santidade o Dalai Lama

O lapidador de diamantes – Estratégias de Buddha para gerenciar seus negócios e sua vida
  Gueshe Michael Roach

O livro das emoções – Reflexões inspiradas na Psicologia do Budismo Tibetano
  Bel Cesar

Oceano de sabedoria – Orientações para a vida
  Sua Santidade o Dalai Lama

Oito passos atentos para a felicidade
  Bhante Henepola Gunaratana

Viagem interior ao Tibete – Acompanhando os Mestres do Budismo Tibetano Lama Gangchen Rinpoche e Lama Michel Rinpoche
  Bel Cesar